Comunicación con espíritus

Conectar con guías espirituales, ancestros, arcángeles y ángeles, junto con el desarrollo de sus habilidades psíquicas de médium como la canalización y la clarividencia

© Copyright 2024

Todos los derechos reservados. Ninguna parte de este libro puede ser reproducida de ninguna forma sin el permiso escrito del autor. Los revisores pueden citar breves pasajes en las reseñas.

Descargo de responsabilidad: Ninguna parte de esta publicación puede ser reproducida o transmitida de ninguna forma o por ningún medio, mecánico o electrónico, incluyendo fotocopias o grabaciones, o por ningún sistema de almacenamiento y recuperación de información, o transmitida por correo electrónico sin permiso escrito del editor.

Si bien se ha hecho todo lo posible por verificar la información proporcionada en esta publicación, ni el autor ni el editor asumen responsabilidad alguna por los errores, omisiones o interpretaciones contrarias al tema aquí tratado.

Este libro es solo para fines de entretenimiento. Las opiniones expresadas son únicamente las del autor y no deben tomarse como instrucciones u órdenes de expertos. El lector es responsable de sus propias acciones.

La adhesión a todas las leyes y regulaciones aplicables, incluyendo las leyes internacionales, federales, estatales y locales que rigen la concesión de licencias profesionales, las prácticas comerciales, la publicidad y todos los demás aspectos de la realización de negocios en los EE. UU., Canadá, Reino Unido o cualquier otra jurisdicción es responsabilidad exclusiva del comprador o del lector.

Ni el autor ni el editor asumen responsabilidad alguna en nombre del comprador o lector de estos materiales. Cualquier desaire percibido de cualquier individuo u organización es puramente involuntario.

Su regalo gratuito

¡Gracias por descargar este libro! Si desea aprender más acerca de varios temas de espiritualidad, entonces únase a la comunidad de Mari Silva y obtenga el MP3 de meditación guiada para despertar su tercer ojo. Este MP3 de meditación guiada está diseñado para abrir y fortalecer el tercer ojo para que pueda experimentar un estado superior de conciencia.

https://livetolearn.lpages.co/mari-silva-third-eye-meditation-mp3-spanish/

Tabla de contenidos

INTRODUCCIÓN 1
CAPÍTULO 1: ¿PODEMOS REALMENTE COMUNICARNOS CON LOS ESPÍRITUS? 3
CAPÍTULO 2: CÓMO APROVECHAR SUS HABILIDADES PSÍQUICAS 14
CAPÍTULO 3: PREPARACIÓN PARA EL TRABAJO ESPIRITUAL 26
CAPÍTULO 4: CANALIZAR A LOS ESPÍRITUS 34
CAPÍTULO 5: HERRAMIENTAS ESPIRITUALES Y CÓMO USARLAS 43
CAPÍTULO 6: TRABAJAR CON ANCESTROS Y SERES QUERIDOS FALLECIDOS 50
CAPÍTULO 7: CONECTE CON SUS GUÍAS ESPIRITUALES 59
CAPÍTULO 8: CONTACTAR A LOS ÁNGELES 66
CAPÍTULO 9: CÓMO LLEGAR A LOS ARCÁNGELES 73
CAPÍTULO 10: MÉTODOS DE LIMPIEZA Y DEFENSA 82
CONCLUSIÓN 93
VEA MÁS LIBROS ESCRITOS POR MARI SILVA 95
SU REGALO GRATUITO 96
REFERENCIAS 97

Introducción

Así que quiere conectarse con los seres más allá de este mundo. Quiere saber cómo recibir conocimiento de ellos para poder vivir una vida mejor, descifrar las cosas que le confunden y aprender sobre su verdadero propósito en la vida. Le gustaría saber que, esté donde esté, nunca está solo y siempre puede recurrir a la ayuda del mundo invisible. Este es el mejor libro para ayudarle con esos objetivos.

Puede que haya decidido que le gustaría llegar al espíritu de alguien cercano y querido que ha fallecido. Puede que simplemente sienta una presencia a su alrededor y haya decidido que le gustaría conectar con ella y ver de qué se trata. Sea cual sea su motivo para conectar con los espíritus, encontrará este libro lleno de excelente material que le ayudará a hacerlo posible. A medida que se sumerja en el contenido de este libro, no se sorprenda si empieza a captar energías espirituales. Además, espere lo inesperado en el buen sentido.

Este libro le dará toda la información que necesita en un español claro. Cada concepto se explica con claridad, y obtendrá un conocimiento práctico, realista, directo y fácil de leer con el que podrá actuar. Encontrará ejercicios y métodos que podrá utilizar para ponerse en contacto con los espíritus que le rodean. También aprenderá a mantenerte a salvo mientras se acerca al otro lado y descubre que *no tiene nada que temer.*

Lo mejor de este libro es que la información que proporciona no es la típica que aparece en la primera página de Google. Se adentrará en el mundo de los espíritus y descubrirá cómo acercarse a ellos proporcionará una vida más rica y gratificante. No importa qué creencias religiosas tenga o si no le gusta *nada* la religión. Descubrirá que los espíritus no discriminan a los demás como hacen los humanos. La información en las páginas de este libro es tan buena que encontrará que no tiene que ser un monje o un sacerdote para poder sentir y conectar con los espíritus que rondan todo el día, todos los días. La información funciona porque no se trata de una religión externa y performativa, sino de espiritualidad, que es la comprensión de que hay mucho más en la vida que lo que se puede observar con nuestros sentidos físicos.

Tanto si desea obtener información valiosa como experimentar un crecimiento espiritual, descubrirá que no hay mejor manera que acercarse a quienes saben mucho más de lo que podríamos esperar: los espíritus que nos rodean, todo el día, todos los días. Debe comprender que debe mantener la mente abierta y suspender temporalmente su incredulidad. No tiene que contarle a los demás lo que está haciendo. A medida que utilice la información de este libro, mantener una mente abierta traerá resultados fenomenales. Empecemos, si está listo para explorar las mentes de los que están más allá de este mundo.

Capítulo 1: ¿Podemos realmente comunicarnos con los espíritus?

Desde la noche de los tiempos, la gente ha intentado comunicarse con los muertos y otras entidades más allá de este reino. Aunque todo cuerpo humano acabará muriendo, el espíritu que lo anima seguirá viviendo, y le interesa la vida que vivió cuando era humano. La mayoría de la gente es consciente de esto en algún nivel, y algunos son más que simplemente conscientes. Estas personas hacen intentos de conectar con los espíritus que han hecho la transición de esta vida, con la esperanza de permanecer en contacto con ellos u obtener información de ellos.

Los espíritus son conciencias que han dejado este mundo, pero que siguen vivas
https://www.pexels.com/photo/mediums-sitting-in-circle-holding-hands-7267688/

Piense en la cantidad de veces que ha pensado en llamar a alguien, sólo para hacerlo y descubrir que está pasando por algo en ese momento. Puede captarlo porque comparte lazos con esa persona, y esos lazos hacen posible que también se comunique con otras personas física y espiritualmente. Estos lazos proporcionan una conexión que supera al mundo físico y sus reglas sobre cómo se produce la comunicación. Este vínculo suele ser emocional y va más allá de la vida y la muerte. Quienes desean comunicarse con los espíritus pueden querer hacerlo con sus seres queridos que ya no están con ellos. Los espíritus a menudo intentan llegar a nosotros porque a ellos también les encantaría conectar, ya sea para proteger a sus seres queridos, mantenerlos, consolarlos o simplemente para decir «Hola». La verdad sobre la vida es que continúa para siempre. La muerte no es el final, sino una transición, lo que significa que no existe de la forma que a menudo pensamos.

¿Qué son los espíritus?

¿Qué son los espíritus? Saber definirlos proporcionará el marco que puede utilizar para acercarse a ellos. Merriam-Webster define espíritu como *«un principio animador o vital que se considera que da vida a los organismos físicos»*, *«un ser o esencia sobrenatural»*, *«la inteligencia inmaterial de la parte sensible de una persona»*, *«el principio activador o esencial que influye en una persona»* o *«el sentimiento, cualidad o disposición que caracteriza a algo»*.

Cuando hablamos de un espíritu, estamos hablando de una conciencia que ha dejado este mundo, pero que sigue viva. Además, es una conciencia que puede acceder al mundo físico y manipularlo de formas que no podemos ver ni comprender, a veces porque ni ellos mismos lo comprenden. Debido a esto, a muchos de los que trabajan con espíritus les resulta más fácil pensar en ellos como «energía» que como personas reales porque, en cierto modo, piensan que son proyecciones psíquicas de los muertos.

Algunos espíritus permanecerán en la Tierra porque no se dan cuenta de que están muertos, mientras que otros se quedarán porque quieren estar cerca de sus seres queridos o tal vez hacer alguna travesura. Algunos espíritus pueden ser benévolos y protectores, mientras que otros son más maliciosos y peligrosos. Las razones por las que se comportan así varían de un espíritu a otro, pero una cosa permanece constante. Debemos aprender a escucharlos y comunicarnos con ellos para entenderlos mejor, lo que en última instancia puede llevarnos a comprender mejor la propia muerte.

Algunas personas oyen la palabra espíritu e inmediatamente piensan en Casper, el simpático fantasma, o algo parecido. Otros piensan en una imagen apenas visible que suele quedar fuera del alcance de nuestros cinco sentidos ordinarios. Aunque esto se acerca más a la verdad, no es del todo cierta. En todas partes hay espíritus. Es probable que tenga algunos a su alrededor ahora mismo. Algunas personas están tan dotadas que pueden tocar, oír y ver a los espíritus muy claramente. A veces, se puede ver un espíritu por el rabillo del ojo cuando no se lo está mirando directamente.

Tipos de espíritus

Aunque muchos temen a los espíritus, la mayoría son inofensivos. La única razón por la que los fantasmas se consideran terroríficos es la forma en que se presentan. Las apariciones son simplemente situaciones en las que un ser espiritual se presenta porque está atrapado en este reino debido a los asuntos pendientes. Dicho esto, debe tener en cuenta que no todos los espíritus son espíritus humanos. Saber con quién y con qué se está conectando es importante para estar seguro y sacar el máximo provecho de sus interacciones con estos seres de otro mundo. Hay muchos tipos de espíritus y otros seres espirituales como entidades. Echemos un vistazo a cada tipo:

Los **espíritus ancestrales** son los espíritus de sus antepasados. Estos espíritus permanecerán a su alrededor debido a la conexión que comparten por sangre. A veces puede tener un espíritu ancestral que conoció en persona durante su vida, y otras veces tendrá espíritus ancestrales que nunca conoció porque son de generaciones anteriores. Notará que a los espíritus ancestrales no hay nada que les guste más que estar con la familia y están ansiosos por conectarse con usted para que puedan trabajar juntos. Son espíritus encantadores a los que acudir si está empezando su camino espiritual. Esto se debe a que generalmente son seguros y le mantendrán alejado de los problemas.

Algunos espíritus podrían causarle daño, pero sus antepasados suelen cubrirle las espaldas. No es fácil tener límites claros y apropiados cuando es un novato en el trabajo espiritual, así que debería elegir trabajar con sus ancestros primero, antes que con cualquier otro tipo de espíritu. Puede ponerse en contacto con ellos y preguntarles si estarían interesados en conectar con usted y trabajar juntos. Los espíritus ancestrales pueden ayudarle con su oficio si es una bruja, ya que pueden potenciar sus poderes y hechizos. Siempre estarán ahí para darle su ayuda, y como es de su sangre, puede esperar que sus hechizos sean poderosos cuando los invoque. Los espíritus ancestrales vendrán a usted de una forma que no podrá pasar por alto. No se sorprenda si aparecen en sus sueños, con un aspecto mucho más joven que la última vez que los vio en vida (si es que lo hizo).

Los **espíritus terrestres** son como los espíritus ancestrales en el sentido de que una vez vivieron en la Tierra. La mayoría de las veces, están aquí porque todavía están conectados energéticamente a algo que sucedió en la tierra o a un lugar específico. Son los que están detrás de las inofensivas apariciones que conoce. A menudo acaban aquí porque están atascados y, si su muerte fue traumática, puede que decidan permanecer en el lugar de los hechos porque no les resulta fácil desprenderse de la herida y el dolor que llevan dentro. Otras veces, se quedan porque tienen asuntos que resolver. Algunos espíritus han fallecido, pero no se dan cuenta de que su tiempo en la Tierra ha terminado, por lo que simplemente se quedan. Necesitarán la ayuda de un médium para liberarse. Tenga en cuenta que algunos espíritus no están atrapados, sino que simplemente quieren visitar la Tierra.

Algunos espíritus se consideran aterradores, pero en realidad, son espíritus atormentados que todavía están atados a la Tierra y puede que ni siquiera sepan que están siendo una amenaza para alguien. Así que debe tener eso en mente si alguna vez tiene algún motivo para tratar con uno.

Los **espíritus de los muertos** son lo mismo que los espíritus ancestrales, pero no están conectados a su línea de sangre. Hay personas concretas a las que los espíritus de los muertos les gusta frecuentar. Por ejemplo, el espíritu de su padre fallecido puede rondar a una mujer sólo porque quiere saludarla, mantenerla a salvo o verla. Estos espíritus también pueden estar ligados a la Tierra. A veces no lo están, lo que significa que pueden aparecer de vez en cuando sólo para estar al tanto de lo que ocurre aquí. En general, los espíritus de los muertos no son peligrosos. Simplemente saben quién es y quieren acercarse a usted.

Si nota un espíritu malévolo, recuerde que puede estar presenciando a un espíritu terrestre lidiando con su trauma o una grabación (habrá más sobre esto más adelante). En la mayoría de los casos, los espíritus que hacen daño a otros lo hacen porque sufren y no son conscientes de ello. Como hay personas buenas y malas, es lógico que algunos espíritus tengan intenciones maliciosas. En este caso, tiene que darse cuenta de que usted tiene más poder que ellos en esta llanura, lo que significa que tienen que usar mucha energía para mover las cosas, aunque usted podría moverlas fácilmente. Si es molestado por un espíritu, debe hacer una limpieza, y estará bien.

Los **espíritus guías** están para ayudarle. Suelen estar a su alrededor y están dispuestos a darle toda la orientación y consejos que necesite. Su guía espiritual puede ser un espíritu ancestral, almas que nunca ha conocido, ángeles o maestros ascendidos. Todo el mundo tiene varios guías asignados cuando nace, y estos guías pueden cambiarse para adaptarse a la fase de la vida de la persona. También puede ser específico a la hora de recurrir a un guía para que le ayude con el dinero.

Algunos practicantes de brujería creen que puede tener guías espirituales tanto negativos como positivos, y ambos son necesarios dependiendo de lo que quiera lograr. Sin embargo, lo mejor sería que decidiera centrarse en conseguir sólo los espíritus guías que sean buenos para su propósito más elevado y la mejor versión de su vida, que aún está por llegar.

Los *espíritus de las plantas* son los espíritus que están conectados con las plantas que le rodean. Tiene que reconocer que estos espíritus son reales si trabaja con ellos, así que si no está conectado con ellos, lo más probable es que sólo esté interactuando con el aspecto físico de la planta y no con su lado espiritual, lo cual no tendría sentido. Los espíritus de las plantas son seguros y su energía es suave. A medida que sea más consciente de los espíritus de las plantas, descubrirá que cada uno tiene su personalidad, sus necesidades y sus deseos. Los mejores para interactuar con ellos son los que están en su casa o espacio, de modo que pueda exponerse a ellos lo suficiente como para desarrollar una relación con las plantas. Puede hablarles como si sus espíritus estuvieran escuchando, porque así es. Cuando empieza a hablar con ellas, las activa espiritualmente. Así que tómese su tiempo para preguntarles si les gustaría tener más agua, estar mejor colocadas al sol, etc. Preste atención a si su espíritu es extrovertido o tranquilo y apacible. Si no tiene habilidades psíquicas, esto puede ser difícil, pero puede trabajar con su intuición eligiendo confiar en ella.

Los **espíritus minerales** no son muy comunes. Es cierto que no son las estrellas de rock del grupo de los espíritus, pero verá que están por todas partes. Si tiene piedras, minerales y cristales a su alrededor, lo más probable es que tenga espíritus minerales con usted. Hay muchos de estos espíritus, tantos como cristales y piedras. Puede llegar a ellos con su intuición, entre otras herramientas que se tratarán más adelante en este libro.

Los espíritus minerales están interesados en trabajar con usted en diversos aspectos de su vida. Por ejemplo, un espíritu mineral puede tener como especialidad las relaciones, mientras que otro puede ser bueno para su salud mental. A estos espíritus les encanta conectar con los humanos vivos, pero para ellos es importante que se les respete. Por eso, puede preguntarles qué necesitan para que pueda proporcionárselo. Tenga en cuenta que algunos espíritus pueden no estar interesados en trabajar con otros. Cuando eso ocurre, no están contentos por haber sido sacados de la Tierra. En este caso, tiene que volver a colocar el mineral donde lo encontró o en algún lugar que se le parezca.

Las **entidades negativas** son malas noticias, y debe evitarlas a toda costa, no buscándolas en primer lugar. Son seres parásitos, que chupan toda la energía que pueden obtener de usted. Estas entidades no son humanas. Algunas entidades se aferran a usted para obtener un impulso de energía antes de despegar. Otras entidades se pegan a usted durante mucho tiempo, alimentándose de su energía. Cuando note que tiene estas entidades, también se dará cuenta de que se siente deprimido, enfadado, confuso y vacío. Hay muchas formas de entidades negativas, pero todas tienen algo en común. Son ladrones de energía que se aferran obstinadamente a usted, negándose a soltarle. Éstas son algunas de las más comunes:

- Vampiros de energía
- Espirales negras
- Entidades geopáticas
- Secuaces
- Demonios
- ET negativos
- Desencarnados
- Brujas o hechiceros
- Poltergeist

- Grises

Algunas de estas entidades existen como seres reales. Las otras actúan como acumulaciones de energía sin sentido de la conciencia. Tenga en cuenta que la meditación, la visualización y otras herramientas pueden eliminar las entidades negativas. Dicho esto, saber cuándo estas entidades se conectan con usted es lo mejor. Vendrán cuando esté haciendo algo de baja vibración, y también se sienten atraídas por usted cuando está con personas con entidades negativas a su alrededor. También puede notar que cuando está pasando por algo traumático, una relación tóxica o una situación difícil, es probable que tenga entidades que quieran pasar el rato con usted. No hacen daño físico, y puede que no sea consciente de su presencia, pero siempre afectarán a su mente y a su energía, y muy pronto se quedará sin ambas si no se limpia de ellas.

Los **demonios Goéticos** no son realmente demoníacos y pueden ser útiles si quiere trabajar con ellos. De hecho, la mayoría de las brujas se alegran de contar con su ayuda. La *Llave menor de Salomón* habla de 72 de ellos. Cada uno tiene una habilidad específica. Por ejemplo, uno es bueno con el amor, otro con el dinero, y así sucesivamente. Tenga en cuenta que estos seres no son espíritus de personas reales, sino que están formados por las firmas energéticas de diferentes seres. Normalmente, ayudarán con hechizos, pero quieren que les de algo. Esto significa que debe tener cuidado de cómo negocia con ellos antes de darles lo que quieren.

Una vez más, estos demonios Goéticos no causan problemas a menos y hasta que los haya invocado. Si tiene problemas con un espíritu, tenga en cuenta que lo más probable es que los demonios Goéticos no tengan culpa en todo el asunto.

Los Fae son espíritus de otra dimensión, no muy lejos de nuestro reino, lo que significa que puede llegar a ellos físicamente. Es más fácil conectar con los Fae que con otras formas de espíritus. Muchos evitan buscar la ayuda de los Fae, pero pueden ser de gran ayuda. En su mayoría, están ligados a lugares específicos. Si encuentra uno en su camino, lo más probable es que el espíritu no le siga de vuelta a casa, a menos que su hogar se encuentre en el mismo lugar. El Otro Mundo es el mundo de los Fae, y hay varios tipos de Fae con los que puede trabajar. Trabajar con ellos es seguro siempre y cuando primero haga los deberes. Que un ser sea espiritual no significa que automáticamente deba ayudarle. Los Fae también son como las personas. Los hay buenos y malos, y con matices de gris. No puede mantenerlos alejados de su casa si los enfada.

Los elementales son los espíritus que animan los elementos de fuego, aire, agua y tierra. Están destinados a ayudar a proteger la naturaleza y su elemento. Cada árbol tiene su propio espíritu, y lo mismo ocurre con cada masa de agua. Lo más probable es que ahora mismo tenga espíritus elementales fuera de casa. Algunas tradiciones afirman que cada elemento tiene sus propios dioses y guardianes. Algunos espíritus también están destinados a cuidar aspectos específicos de la naturaleza. Por ejemplo, los gnomos del reino Fae son elementales de tierra. Las salamandras son elementales de fuego, mientras que las ondinas son elementales de agua. Los elementales de aire se llaman sílfides. Cuando trabaje con determinados elementos, pida ayuda al elemental asociado.

Las deidades son los dioses y diosas de todas las religiones y tradiciones que habitan en otros reinos. Pueden trabajar con usted en función de la religión con la que resuene, etc. Antes de trabajar con deidades, tendrá que investigarlas para saber con cuáles resuena. También debe asegurarse de que está preparado para su energía, ya que son muy poderosas y lo que experimente dependerá totalmente de ellas. Por eso es necesario que profundice en cada deidad con la que quiera trabajar antes de invitarla a entrar en su vida. Otra buena manera de elegir una deidad es establecer la intención de que quiere trabajar con la mejor deidad para usted y sus objetivos y luego mantener los ojos bien abiertos para que pueda ver las señales que indican quién es su deidad. Debería hacerles ofrendas regularmente para mantener fuerte su conexión cuando llegue a conocer a la entidad.

Los ángeles son los espíritus con los que trabajan muchas personas. Muchos tipos de mitos rodean a estos seres maravillosos, y tienen mucho más conocimiento que la mayoría de los otros seres, como los espíritus ancestrales o muertos. No se debe subestimar el poder y la fuerza de un ángel. De hecho, es posible que nunca llegue a comprender del todo el alcance de su poder. Lo que ocurre con los ángeles es que piensan en blanco y negro y son muy particulares en cuanto a lo que consideran bueno o malo. Investigue su mitología antes de trabajar con ellos e infórmese sobre cómo los ven las distintas religiones y culturas.

Los demonios son los últimos de esta lista, y siempre han parecido aterradores cuando en realidad no lo son. Mientras que los ángeles están organizados, los demonios no. Un ángel tiene una tarea específica, mientras que un demonio no. Además, debe tener en cuenta que la energía caótica de un demonio no significa que sea una entidad maligna. Sólo significa que es difícil predecir lo que vendrá después cuando trabaja con ellos. Hay otros demonios además de los Goéticos. Si es una bruja del caos, querrá trabajar con demonios, ya que hay poder en el caos. Tenga en cuenta que estos seres no son malvados y tampoco son buenos. No tienen prejuicios y pueden inclinarse hacia cualquier lado. A algunos de ellos les encanta trabajar con humanos, pero a un precio, claro. Debe estar seguro de lo que está negociando con ellos para que ambos estén conformes con el acuerdo final. Tenga en cuenta que hay demonios que pueden ser malos y terroríficos, pero esto no significa que todos sean así. De hecho, los Fae, los ángeles, algunos ancestros y otros tipos de espíritus también pueden dar miedo. Así que asegúrese de que está protegido cuando trabaje con ellos y tenga claro lo que desea antes de invocar a un demonio.

Lo más probable es que un demonio no venga a usted si usted no lo invoca, así que si percibe algún ser negativo en su casa y no lo ha invocado, puede que esté tratando con otra cosa. En general, es mucho más sensato tener cuidado con otras entidades que con demonios. Sin embargo, eso no significa que deba ignorar lo poderosos que son estos seres. Algunos de ellos también pueden ejercer poder físico y mover grandes cosas para hacerle daño. Es mejor no invocarlos porque no es fácil deshacerse de ellos cuando ha terminado de trabajar con ellos, por lo que debe ser bueno limpiando su espacio y ahuyentándolos. También debe saber cómo trabajar con hechizos de destierro antes de invocar a los demonios, para que pueda eliminarlos si es necesario. Esto es algo bueno a menos que esté tratando con otro tipo de espíritus que son amorosos y amables.

Breve historia de la comunicación espiritual

El espiritismo se convirtió en una religión que tomó al mundo por asalto, y la comunicación con los espíritus a través de los médiums se hizo popular en el Reino Unido y los Estados Unidos. Los médiums comienzan con la historia de la bruja de Endor. La bruja de Endor era también una médium que había devuelto la vida al espíritu de un profeta muerto llamado Samuel para que Saúl, el rey hebreo, pudiera hacerle algunas preguntas. A principios de los años 80, algunos científicos se interesaron por el espiritismo y pronto se convirtieron. Aunque algunos estafadores utilizaban trucos de magia para hacer creer a la gente que estaban en contacto con los espíritus, había algunos médiums auténticos.

La comunicación con los espíritus en la actualidad

Un estudio realizado por Julie Beiscel y Gary E Schwartz demostró que algunos médiums pueden obtener información precisa sobre personas fallecidas. Otro estudio con al menos 1.000 participantes a lo largo de ocho años descubrió que algunos humanos pueden predecir el futuro. Los resultados de este estudio se publicaron en el artículo «*Feeling the future: Experimental evidence for anomalous retroactive influences on cognition and affect*», de Daryl Bem, en 2011.

Preguntas más frecuentes

¿Qué es la comunicación con espíritus?

La comunicación con los espíritus también se conoce como mediumnidad. Es la práctica espiritual de comunicarse con el mundo espiritual. Los practicantes son conocidos como médiums, y utilizan herramientas como las cartas del tarot, péndulos, y a menudo la escritura para realizar lecturas de los espíritus que han cruzado al mundo de los vivos en formas físicas o no físicas, así como otros seres espirituales. Los médiums suelen recibir mensajes sobre las lecciones espirituales que debemos aprender de las vidas pasadas para ayudarnos a crecer espiritualmente en esta vida y prepararnos para nuestra próxima existencia. Los médiums también ayudan a los espíritus a prepararse para pasar a mejor vida.

¿Adónde van los espíritus después de la muerte?

Los espíritus continúan existiendo y evolucionando después de la muerte de sus cuerpos. Muchos se trasladan a un reino no físico o espiritual llamado cielo o mundo de los espíritus. Un médium habla a menudo con espíritus que han pasado a este mundo desde el nuestro. A veces permanecen en el mundo astral que se superpone al nuestro, por lo que a veces podemos soñar con ellos o sentir su presencia, aunque no podamos verlos.

¿Cómo es el más allá?

Hay muchas ideas diferentes sobre cómo es el más allá. Muchos creen que es un lugar de paz, felicidad y aprendizaje para los que han fallecido, y puede ser un eterno retorno al mundo que conocíamos antes o uno en el que creamos algo totalmente nuevo. El más allá también podría ser simplemente la siguiente fase de la vida en la evolución del alma que ha seguido adelante. En otras palabras, es su próxima encarnación.

¿Puede alguien hablar con los espíritus?

Sí. Cualquiera puede aprender a ser médium. Es una habilidad que puede aprender, y no tiene que estar «dotado» para hacerlo. Necesita aprender las técnicas y acceder a sus habilidades médium innatas.

¿Cuánto tiempo se tarda en aprender a ser médium?

Todo depende de cuánto quiera aprender y cuánto tiempo quiera dedicarle. Hay muchas formas diferentes de aprender y practicar esta habilidad, por lo que no es como montar en bicicleta. Así que elija el camino correcto si quiere aprender el arte de la mediumnidad y cómo conectar con el mundo de los espíritus. Sólo tiene que seleccionar la herramienta con la que se sienta más identificado.

¿Cómo me convierto en médium?

Puede aprender mediumnidad asistiendo a clases o grupos, leyendo libros y practicando de forma independiente. Hay muchas formas de practicar y aprender a comunicarse con los espíritus de las personas. Muchas personas aprenden intuitivamente o a través de visitas de espíritus guías en sueños o visiones. La idea es abrir su mente y su corazón a las posibilidades del más allá, para que pueda comunicarse con aquellos que han fallecido. Leer este libro es un buen comienzo.

¿Tendré problemas por contactar con espíritus?

No, no infringe ninguna ley por contactar con espíritus. La mayoría de la gente se abre a la mediumnidad para conectar con sus seres queridos que han fallecido. No hay nada malo en ello.

¿Es seguro comunicarse con los espíritus?

Sí, es seguro y una experiencia muy positiva. Puede ser una forma de establecer una línea de comunicación con el mundo de los espíritus. En algunos casos, los espíritus también pueden utilizar a los médiums como mensajeros de aquellos que han fallecido, lo que puede ser muy gratificante.

Capítulo 2: Cómo aprovechar sus habilidades psíquicas

Vivimos en una época en la que muchos buscamos orientación. Ya sea sobre carreras profesionales, relaciones, enfermedades o simplemente sobre cómo vivir nuestras vidas de forma más intencionada. Encontrar respuestas de fuentes tradicionales puede llevarle a un largo y tortuoso viaje de frustración e incertidumbre. Nos hemos alejado de la religión, hemos perdido la fe en los funcionarios del gobierno y en los médicos, y confiamos en la ciencia para obtener todas las respuestas. Pero, ¿y si hubiera algo más? ¿Y si pudiera contactar con los que tienen las respuestas en el reino de los espíritus? ¿Y si pudieran darle respuestas claras, orientación y dirección? Si quiere, puede conseguir todo eso y mucho más. Todo lo que necesita hacer es trabajar con sus sentidos psíquicos. Hay cuatro habilidades psíquicas conocidas como los cuatro *clairs*. Éstas son:

La clarividencia se refiere a la capacidad de «ver claramente»
https://www.pexels.com/photo/a-woman-holding-a-locket-7278743/

- Clarividencia
- Clariaudiencia
- Clarisentencia
- Claricognición

Todas las clarividencias se consideran percepción extrasensorial, o PES, porque se supone que son extensiones de nuestros cinco sentidos. Algunos psíquicos y ocultistas tienen ideas diferentes. Creen que los sentidos físicos no son la raíz de los sentidos extrasensoriales, sino que son una manifestación física que proviene de los sentidos psíquicos. No es fácil demostrar esta teoría, pero se alinea con una perspectiva post-materialista, que sostiene que todo surge de la conciencia, y sin conciencia, nada existiría. Tenga en cuenta que existen otras clarividencias además de estas cuatro, pero éstas son las más comunes.

Clarividencia

La clarividencia es un término que a veces se utiliza para referirse a todas las habilidades psíquicas bajo el sol, pero en realidad se refiere a la capacidad de «ver con claridad». Es la capacidad de percibir acontecimientos e imágenes a distancia y a través del tiempo. A veces, se considera una extensión de la vista normal.

A la luz de la opinión de que todas las cosas proceden de la conciencia, se podría suponer que eso significa que todo el mundo es clarividente. La mayoría de la gente tiene su primer contacto con la clarividencia en la infancia, mientras que otros descubren esta capacidad de adultos. A su alrededor hay energías sutiles de las que puede que no sea consciente todo el tiempo, pero eso no significa que no interactúe con ellas. Aquellos con una clarividencia muy fuerte probablemente percibirán estas energías con facilidad, sin entrenamiento ni esfuerzo. En general, la capacidad de clarividencia es accesible a todos y puede estar latente en usted. Puede reactivar esta capacidad. Por ejemplo, puede practicar ver y leer las auras, energías sutiles que rodean a todos los objetos y seres vivos.

La clarividencia tiene mucho que ver con todo tipo de experiencias que implican las capacidades ampliadas de la vista. También existe la clarividencia interior y la exterior. La última versión de esta habilidad permite ver las energías y los espíritus como una superposición sobre su espacio físico, como es el caso de aquellos que pueden ver la manifestación física de los espíritus. Es como la realidad aumentada. La clarividencia externa permite ver a los espíritus con tanta claridad que son tan reales como cualquier otra persona normal a su alrededor. A veces, los seres no se ven como manifestaciones claras, sino como sombras que se mueven, chispas de luz, orbes resplandecientes, etc. La capacidad de percibir cualquier reino aparte del físico y las energías sutiles utilizando sólo los ojos es una forma de clarividencia externa.

Luego está la cuestión de la clarividencia interior. Aquí, ve cosas con el ojo de su mente. Es casi como la imaginación, salvo que no manipula necesariamente las imágenes que obtiene como haría si estuviera soñando despierto. Ve las cosas en la pantalla de su mente. Algunos ejemplos de clarividencia interior son los sueños psíquicos, la visión remota, la precognición y la premonición.

__La historia de Martin:__ «*Recuerdo haber tenido visiones extrañas desde que tenía cuatro años. Cuando tenía unos siete, mi madre y mi padre me llevaron de viaje a visitar a unos amigos suyos en Lagos (Nigeria). En cuanto entré en su patio, miré la casa y lo que vi fue inexplicable y aterrador. La casa se derrumbaba y me preguntaba por qué mis padres intentaban que entrara. No paraba de decir: "La casa se está cayendo" y de asustarme, pero me calmaron y me hicieron entrar de todos modos, y en cuanto crucé la puerta principal, todo parecía normal. Nos fuimos dos semanas después. Aún recuerdo a mi padre hablando por teléfono con su amigo mientras exclamaba:*

"¡No!". Mi madre, curiosa, le preguntó qué pasaba. Resultó que la casa de sus amigos se había derrumbado un mes después. Afortunadamente, salieron bien parados. Nunca he olvidado aquella experiencia. Después de aquello, recuerdo que pensé que ya no quería ver las cosas antes de que ocurrieran».

¿Clarividencia o sólo imaginación?

Tiene que ser capaz de distinguir entre lo que imagine y lo que es un mensaje real de los espíritus a través de su clarividencia. Cuando recibe imágenes de los espíritus, no es usted quien controla lo que ve. No puede doblar o torcer la información para que se muestre otra cosa. Simplemente aparecerá en el ojo de su mente sin que intente que suceda. Si siente alguna fuerza o esfuerzo por su parte cuando ve imágenes en el ojo de su mente, lo más probable es que sólo esté imaginando.

Cómo desarrollar la clarividencia

Trabaje más con su visualización e imaginación

Cada vez que utiliza su imaginación, despierta su capacidad clarividente. Esto se debe a que su imaginación u ojo de la mente es el medio a través del cual recibe las imágenes que obtiene. Cuanto mejor sea imaginando, más fácil será desarrollar su clarividencia.

Visualice su tercer ojo

Imagine que tiene un tercer ojo situado justo encima y entre los dos ojos. Usted ya tiene un tercer ojo, aunque no sea capaz de verlo. En este ejercicio de visualización, imagine que este tercer ojo está cerrado. Luego, imagine que el párpado se abre lentamente. Este ejercicio de visualización tiene como objetivo ayudarle a llevar a su mente subconsciente la intención de despertar su clarividencia dormida. Si realiza este ejercicio con regularidad durante al menos cinco o diez minutos al día, alimentará su intención con energía y esto hará que su tercer ojo real siga su ejemplo.

Trabajar con cristales

Puede acostarse con un cristal de lapislázuli o una amatista bajo la almohada, con la intención de despertar sus capacidades psíquicas. También puede colocar el cristal donde se encuentra su tercer ojo para que despierte esa visión interior que es la suya. Tenga en cuenta que puede haber otros cristales que le atraigan para este propósito, así que simplemente debe seguir lo que le atraiga.

Comience con los ojos cerrados

Cuando se trata de desarrollar la clarividencia, puede encontrar que la clarividencia interior es mucho más fácil para empezar que la exterior. Por lo tanto, debe cerrar los ojos durante al menos cinco o diez minutos al día y luego declarar su intención en voz alta o en voz baja para usted mismo de que está abierto a ver lo que el espíritu con el que está trabajando crea que es importante que vea.

Utilice afirmaciones

Puede trabajar con afirmaciones, como «Soy extremadamente clarividente», para ayudarse. Para ello, siéntese cómodamente, cierre los ojos y repítalo con convicción durante al menos diez o quince minutos. Puede que su mente discuta con usted, pero no es el momento de ser razonable o racional. Confíe en que sus palabras determinarán su experiencia. Si quiere afirmaciones aún más poderosas, puede formularlas como si ya fueran cosas del pasado. En otras palabras, podría afirmar cualquiera de las siguientes cosas:

- ¿Cómo llegué a ser tan clarividente? (Esto es una «afirmación»).
- Recuerdo cuando no era clarividente. Ahora lo veo todo.
- Es increíble cuánto he mejorado en clarividencia.

Puede trabajar con estas afirmaciones o redactarlas como mejor le parezca.

Practique la meditación todos los días

La práctica de sentarse a observar la respiración en silencio entre cinco y quince minutos al día puede despertar poderosamente las capacidades dormidas. Asegúrese de llevar algo cómodo y de estar libre de distracciones. Pida que no le molesten si no vive solo. A continuación, preste atención a su respiración mientras cierra los ojos. Inspire por las fosas nasales y espire con los labios ligeramente entreabiertos. Al hacerlo, su atención se desviará de la respiración. No pasa nada. Simplemente, vuelva a prestar atención a la respiración tantas veces como sea necesario y nunca se castigue por distraerse. El objetivo de este ejercicio es despertar a las energías sutiles que le rodean, ayudarle a canalizar su atención hacia donde quiera y abrirse a los mensajes que los espíritus que le rodean puedan tener para usted.

Clariaudiencia

La clariaudiencia es «audición clara», lo que significa que se trata de ser capaz de oír a los espíritus. A veces es la vocecita que oye en su interior cuando está a punto de hacer algo o de ir a algún sitio que no debería o cuando le están guiando hacia algo que le ayudará enormemente en la vida. Otras veces, es muy fuerte y clara, a menudo paraliza y no da tiempo ni capacidad para cuestionarla. Esta voz llega a usted cuando tiene que tomar una decisión importante que podría alterar su vida para bien o para mal. Si no es clariaudiente por naturaleza, puede trabajar en ello. Si lo es, lo más probable es que la mayoría de sus mensajes lleguen de su Ser Superior y de otros espíritus a través de este medio. Recibirá mensajes a través de canciones, palabras, sonidos y más. Los mensajes pueden venir de dentro o de fuera. También puede experimentar escuchar a los espíritus cuando se acuesta, se despierta o sueña.

Los clariaudientes, por naturaleza, oyen más que una persona normal. Las personas a las que no les gustan los sonidos fuertes son probablemente clariaudientes, aunque no sean conscientes de ello porque son más sensibles a los sonidos que los demás. Los clariaudientes también suelen experimentar zumbidos en los oídos, y no, no es tinnitus. Sienten este zumbido o tono agudo en los oídos porque los espíritus les piden que presten atención al momento o que sintonicen con su oído interno y escuchen.

Algunas de las personas más clariaudientes son músicos o tienen inclinaciones musicales. Muchas de ellas oyen canciones melodiosas en su interior, o tienen sueños de melodías que saben que no se les habrían ocurrido antes de ponerlas por escrito. Si usted también quiere desarrollar esta capacidad, tiene que empezar a trabajar más conscientemente con su audición para poder afinarla.

La historia de Charity: «*A menudo me había preguntado por el comportamiento de mi marido hacia mí en los días previos a lo que yo llamo "el final". Recuerdo que no sabía qué era lo que iba mal y que hablar con él no resolvía las cosas. No estaba haciendo nada que yo pudiera señalar como malo, y durante un tiempo me pregunté si estaba paranoica. Harta de sentirme así, quería que la sensación cesara, así que esa noche pedí ayuda a mi guía. Al día siguiente, mientras él estaba fuera trabajando y yo en casa, oí un mensaje muy claro en mi mente: "Ve a conectarte al viejo portátil que tu marido abandonó hace dos meses". Tomé el* cacharro y lo encendí. Nunca supe su contraseña ni se la pedí, así que me quedé mirando la pantalla, confusa. Entonces oí una palabra: "Novia". Nunca había oído esa palabra, pero decidí teclearla. Me quedé atónita al ver que la contraseña funcionaba de verdad. Esta voz me mostró muchas cosas que no tenía ni idea de que estaban ocurriendo bajo mi techo. Descubrí que mi marido me había estado engañando. Me había sido infiel durante más de dos años y había planeado dejarme en un par de meses. Por fin fui libre y feliz».

Cómo desarrollar la clariaudiencia

Preste atención a los sonidos que le rodean

Cada noche, cuando se vaya a la cama, túmbese en la oscuridad y preste atención a lo que oye. Debería hacerlo por la noche porque es más fácil que se convierta en un hábito cuando lo asocia a algo que tiene que hacer todos los días; *no puede vivir sin dormir*, así que la hora de acostarse es un buen momento para practicarlo. Preste atención a todos los sonidos cercanos y lejanos. Normalmente, cuando necesita concentrarse en algo o quiere dormir, desconecta de estos sonidos. Debería empezar a hacer lo contrario. Mientras lo hace, fíjese en cada sonido que compone el ruido general que puede oír. Algunos son más sutiles que otros. Practicar esto durante una semana puede darle resultados alucinantes.

Mantenga su mente en sintonía con los mensajes clariaudientes

Sólo tiene que visualizar una radio. Enciéndala. Suponga que una de las emisoras que puede sintonizar con esa radio es su intuición, los espíritus de sus antepasados o cualquier otra cosa con la que quiera conectar. Imagínese sintonizando esa frecuencia. Si quiere, imagine que esto trae a sus guías espirituales alrededor de una mesa con usted, listos para responder a cualquier pregunta que pueda tener. Observe si recibe algún mensaje de ellos. A veces, las voces que llegan serán muy claras para que sepa exactamente lo que están diciendo. A veces, oírlas puede no ser fácil, o puede que no reciba nada. Si es así, no es razón suficiente para rendirse. Continúe con esta práctica y descubrirá que funciona mejor para captar mensajes clariaudientes.

Practique la meditación a diario

Como todas las demás clarividencias, esta habilidad puede perfeccionarse sentándose en silencio a diario. Recuerde que no necesita más de quince minutos.

Utilice afirmaciones

Puede hacer esto justo después de su sesión de meditación para que esté en un modo receptivo a las sugerencias que le está dando a su mente subconsciente. Puede utilizar las siguientes afirmaciones:

- *Oigo claramente lo que los espíritus tienen que decirme todo el tiempo.*
- *Recuerdo cuando no podía oír nada de los espíritus. Ahora puedo oírlos todos los días.*
- *Mi capacidad de clariaudiencia está en su apogeo.*
- *Mis oídos internos están siempre abiertos a lo que los espíritus tienen que decirme.*

Otras cosas que pueden ayudarle a desarrollar esta habilidad son:

1. Establecer una intención clara de que quiere utilizar esta capacidad. Escribirlo hace que sea más probable que ocurra.
2. Decidir no tener miedo de lo que oiga, sea bueno o malo. Tener miedo es una buena manera de bloquear su clariaudiencia, ya que su Ser Superior no está interesado en asustarle innecesariamente.
3. Utilice ritmos binaurales en Internet para ayudarle a ser más clariaudiente.

Clarisentencia

La clarisentencia es «sentir con claridad». Es un don muy utilizado por muchas personas a diario. Básicamente consiste en dejarse guiar por sus sentimientos. Por ejemplo, puede sentirse mal en un momento dado, y entonces decide alejarse de donde está en la acera, sólo para que ocurra un accidente justo donde estaba parado hace unos momentos. O puede que se sienta raro y, al darse la vuelta, descubra que es porque alguien lo ha estado mirando fijamente durante mucho tiempo.

Los mensajes de clarisentencia llegan a través de sentimientos viscerales, empatía y sensaciones físicas. Cuando se trata de sus sentimientos viscerales, son emociones fuertes que recibe y que casi puede sentir físicamente en su cuerpo. Piense en el miedo intenso o la excitación. Sabe que sus acciones son correctas cuando siente algo bueno en sus entrañas. Cuando se pone enfermo, sabe cómo salir de la situación. Si hiciera más caso a su instinto, probablemente tendría menos problemas que ahora.

La empatía es lo que le permite saber cómo se sienten los demás o cómo es ser ellos. Facilita experimentar la vida como otra persona, pero si no tiene cuidado, puede tener problemas para distinguir qué emociones son suyas y cuáles no, sobre todo si es empático. Cuando se trata de la clarisentencia a través de las sensaciones físicas, puede notar un cosquilleo a lo largo de la columna vertebral, un escalofrío, un cambio en la presión o la temperatura del aire o cosquillas. Éstas son sólo algunas de las sensaciones que experimenta cuando conecta con los espíritus a través de la clarisentencia.

La historia de Lulu: «*Es curioso, pero cuando estoy a punto de tomar una decisión sobre algo, siento punzadas muy incómodas en el cuerpo cuando es una mala decisión, y cuando es una buena, siento como si me soplara aire frío en la parte superior de la cabeza. La única vez que hice caso omiso de esto y seguí adelante con algo por lo que sentía punzadas, no funcionó. Lección aprendida*».

Cómo desarrollar la clarisentencia

Lea las energías de los demás

Pídale a un buen amigo que saque una foto de alguien que conozca y que usted no conozca. Mie los ojos de la persona en la foto para fijarse en su energía. ¿Es positiva o negativa? Realice preguntas sobre esa persona, por ejemplo, cómo es como persona. Pregúntese si puede captar algo de sus ojos y comuníqueselo a su amigo. Su amigo le dirá si ha acertado o no. Inténtelo tantas veces como pueda hasta que se le dé mejor.

Practique la psicometría

Este es un ejercicio en el que tomará un objeto que pertenezca a alguien. Tiene que ser algo que la persona haya usado a menudo, ya que cuanto más usa algo, más absorbe su energía. A medida que desarrolle su clarisentencia, debería ser capaz de leer la energía residual de los objetos. Sostenga el objeto en sus manos durante un minuto o más y fíjese si capta energía positiva o negativa.

Preste atención a sus chakras

En este ejercicio, conectará con sus propios centros energéticos y leerá la energía que desprende. Antes de hacer este ejercicio debe aprender sobre los chakras. Es un buen ejercicio porque aprenderá más sobre cómo se siente y qué emociones encarna cada vez que lo haga. Siéntese o túmbese en una postura cómoda y empiece por el primer chakra o chakra raíz. Imagínelo como una rueda u orbe de luz de colores que gira y deje que la luz se extienda fuera de su cuerpo al menos unos centímetros. A continuación, compruebe cómo se siente con respecto al chakra y observe qué emociones surgen. También puede notar ciertas sensaciones en su cuerpo que le permitirán saber cómo va realmente en la vida.

Claricognición

La claricognición es «saber con claridad». Si tiene claricognición, tiene una forma de saber cosas que no debería saber sin que nadie se lo diga. Obtiene la información en forma de pensamiento de los espíritus con los que interactúa. A veces, es sólo un pensamiento, y otras veces recibe bloques de pensamientos llamados «descargas» porque parece que se descargan en su mente. Puede tener ideas inspiradas sobre situaciones, personas y lugares. El que posee claricognición suele creer firmemente que lo que sabe es cierto, aunque no pueda decir lógicamente por qué. A menudo, la información que obtienen resulta ser exacta.

A las personas con claricognición les suele gustar mucho trabajar con la mente. Son personas con talento mental a las que les encanta analizar las cosas y descomponerlas en su mente. Estas personas son excelentes solucionadoras de problemas y buenas para ver las conexiones entre las cosas que otros pasarían por alto. Estas personas tienen una respuesta para todo, incluso cuando eran niños, y probablemente fueron desairados por ser «sabelotodos». Esta capacidad no es muy conocida, ya que hay más gente que conoce la clariaudiencia y la clarividencia. Que este poder sea sutil no significa que no sea eficaz y poderoso. La claricognición también puede expresarse a través de la escritura automática y la canalización. Puede tener una idea realmente asombrosa o saber de algún modo cómo va a funcionar algo. Puede que tenga la sensación de que alguien está siendo deshonesto, o que sepa que debe dejar pasar una oportunidad porque hay algo en ella que no le conviene. En esos casos, es posible que haya experimentado la claricognición.

La diferencia entre la claricognición y sus pensamientos es que su mente consciente no puede controlar los mensajes claricognitivos. Sólo puede ser testigo de la información. Con la claricognición, si confía en su capacidad, lo más probable es que nunca cuestione un mensaje de este tipo. Además, sus pensamientos recurrentes están arraigados en el ego, y el ego trabaja para mantenerle a salvo de la decepción, la vergüenza o el fracaso. La claricognición está más allá del ego y tiene sus raíces en la sabiduría. También exige que actúe sobre la información basándose en la fe.

La historia de Hailey: «Me he dado cuenta de que siempre que algo me confunde o me estresa, lo único que tengo que hacer es decidir que las respuestas y las soluciones llegarán a mí cuando estén listas y luego olvidarme del problema. Me asalta la idea de abordar el problema de una determinada manera, y normalmente es la decisión correcta. También ha habido ocasiones en las que debía participar en algo en lo que siempre he querido participar, sólo para despertarme por la mañana con la firme certeza de que no debía salir de casa. Normalmente, más tarde acabo viendo por qué fue una buena idea seguir ese consejo. O bien me entero de que el evento al que tenía que ir no ha tenido lugar, o descubro que hay algo mejor y más fácil preparado para mí».

Cómo desarrollar la claricognición

Practicar la escritura automática

Ésta es una buena forma de mejorar la claricognición. Tome un trozo de papel o inicie un nuevo documento en su computadora. Dígale al espíritu con el que está trabajando que le gustaría ponerse en contacto con él. Puede hacer preguntas o dejar que hable de lo que quiera. Cuando escriba, no piense. Simplemente anote lo primero que le venga a la mente, aunque parezca un galimatías o no tenga sentido inicialmente. No lo juzgue, no lo cuestione y no tenga expectativa sobre cuál puede ser el mensaje. Su mente consciente sólo está ahí para ser testigo, no para controlar las cosas. Puede que no tenga sentido los primeros intentos, pero después de un tiempo, algunas pepitas de oro empezarán a fluir a través de usted. Con el tiempo y la práctica, no necesitará sentarse demasiado tiempo antes de que la información empiece a fluir.

Establecer la intención de ser más claricognitivo

Escriba su intención en un lugar donde pueda verla. Puede escribirla a primera hora de la mañana y también a última hora de la noche.

Reserve tiempo para recibir mensajes de su intuición o espíritu

Puede hacer esto después de meditar, así tendrá la mente más propicia para saber lo que necesita.

Trabaje con su chakra corona

Este chakra se encuentra en la parte superior de la cabeza. Imagine un vórtice de luz blanca que gira sobre su cabeza. Sienta cómo se abre, utilizando su imaginación. Imagine una corriente de luz que fluye a través de ese centro de energía. La corriente de luz es conocimiento espiritual y sabiduría. A continuación, formule sus preguntas mentalmente y siéntese a esperar a que le lleguen las respuestas. Practique esto diariamente para obtener los mejores resultados.

Capítulo 3: Preparación para el trabajo espiritual

Ya conoce el dicho: «Una preparación adecuada evita un mal desempeño». Así que este capítulo está dedicado a todo lo que necesita saber sobre cómo prepararse para su viaje espiritual. No puede decidirse a empezar a trabajar con espíritus sin antes sentar las bases para el éxito, lo que significa preparar su mente, cuerpo y espíritu para la tarea que tiene por delante. Si no toma tiempo para prepararse, puede encontrar dificultades en el camino. Por ejemplo, puede tener problemas para establecer una conexión clara con el espíritu al que quiere llegar. Peor aún, puede atraer la atención de seres espirituales que quiere evitar a toda costa. También es posible que cada sesión que pasa comunicándose con espíritus tienda a dejarle agotado y sin ánimos. Si ese es el caso, puede ser difícil disfrutar de la práctica, por no hablar de seguir con ella, y puede perderse todo tipo de cosas buenas.

Antes de realizar cualquier trabajo espiritual, debe conectarse a tierra
https://www.pexels.com/photo/women-holding-hands-at-a-table-with-burning-candles-7267684/

¿Qué es la conexión a tierra?

La conexión a tierra conecta con la energía de la Tierra. ¿Cuál es la teoría? Se cree que la Tierra transmite una energía fiable y enraizada, un recurso para afrontar los momentos difíciles. ¿Quién puede conectarse a tierra? Cualquiera puede, para eliminar la energía negativa de su cuerpo y así sentirse mejor y estar más abierto a las energías sutiles del mundo espiritual. Además, ayuda a tener la mentalidad adecuada para el trabajo que tiene por delante.

Antes de realizar cualquier trabajo espiritual, debe conectarse a tierra porque el proceso de mediumnidad y desarrollo espiritual puede elevar sus niveles de energía a niveles poco saludables. Y ya que estará ayudando a los espíritus con sus asuntos, no querrá ninguna enfermedad relacionada con la energía, como presión arterial alta, dolores de cabeza o mareos. Además, no querrá crear una situación en la que se deje llevar tanto por el trabajo espiritual que deje de ocuparse de las cosas mundanas del día a día.

Meditación de conexión a tierra

Esta meditación se utiliza para centrar su energía. Si nunca ha meditado antes, busque un espacio tranquilo donde pueda relajarse y no le interrumpan. Puede mantener los ojos abiertos o cerrados, pero se recomienda que los mantenga cerrados. Puede acostarse en el suelo, sentarse en él o en una silla, pero asegúrese de que sus pies están descalzos y firmemente plantados en el suelo debajo de usted.

Apoye ligeramente las manos sobre el estómago (o sobre la superficie de su esterilla de yoga o la superficie que le rodea). Recuerde que sus intenciones son el factor más importante en este ritual, así que, si quiere sentirse más ligero, más presente o con más energía, no se centre sólo en la respiración, sino en la intención. Empiece a inspirar lentamente por las fosas nasales y a espirar por los labios ligeramente entreabiertos.

Imagine una potente luz roja que sube a través de la tierra y entra en su cuerpo por donde conecta con el suelo. Deje que esta luz traiga la energía que necesita o le quite la que no necesita. Para lo primero, vea la energía moviéndose desde la tierra hacia su cuerpo. Para lo segundo, vea la energía caótica de su cuerpo en forma de humo negro moviéndose hacia la tierra para ser absorbida por su luz roja. Si no se le da bien la visualización, puede imaginar la sensación de la energía fluyendo en la dirección que desee. Continúe hasta que se sienta centrado y con los pies en la tierra.

Despejar la mente

Antes de realizar un trabajo espiritual, su mente tiene que estar despejada para que pueda concentrarse en lo único que importa: la intención que tiene para el trabajo que va a realizar. No puede escapar de su mente, así que debe hacer todo lo posible para mantenerla clara y libre, porque así es como se obtienen los mejores resultados cuando se trabaja con espíritus. Las siguientes son cosas que puede hacer para despejar su mente para la tarea que tiene por delante.

Anotar sus sentimientos o pensamientos a medida que surjan

A veces, tendemos a cambiar de opinión tan rápidamente que ni siquiera nos damos cuenta de lo enfadados o tristes que podemos llegar a estar hasta que es demasiado tarde y meditamos de mal humor. Si lo escribe antes de meditar, podrá analizar sus sentimientos y, posiblemente, descubrir que no se basan simplemente en una situación actual, sino en algo más profundo.

Pasear por la naturaleza

Una de las cosas más bonitas que puede hacer es pasear junto al río. Cuando está en la naturaleza, puede sentir los espíritus que le rodean, y cuando pasea junto al río, los árboles o a la luz del sol, parece que está en su elemento natural. No hay nada mejor que respirar aire fresco y pasear entre árboles y hierba. Tampoco hay nada que dé más paz que sentirse uno con la naturaleza mientras se toma un tiempo de su agenda para alejarse de la sociedad y simplemente estar con usted.

Meditar sobre el aspecto espiritual del problema

A veces, estamos tan atrapados en la idea de que tenemos que mantenernos ocupados con nuestras vidas que nos olvidamos de la espiritualidad. Si se siente abrumado, pregúntese primero si su vida está yendo de acuerdo con lo que se había propuesto o si hay algo más que quería hacer y que de algún modo se ha quedado fuera de su agenda. Si no es así, pregúntese qué es lo que quiere y cómo puede vivir de forma que no le cause estrés. Si se trata simplemente de que está demasiado ocupado y no pasa suficiente tiempo con su familia o amigos o haciendo las actividades que son importantes para usted debido a sus obligaciones escolares, laborales, etc., pregúntese si ha hecho todo lo posible para que las cosas funcionen. Y si la respuesta es no, entonces es el momento de reevaluar cómo va su vida.

Meditar para encontrar lo que necesita

A veces, es difícil tener la mente despejada si está luchando contra el estrés y otros problemas de la vida. La mayoría de las personas que quieren meditar quieren deshacerse de su estrés. Al menos a corto plazo. Pero es importante entender que la meditación no consiste en deshacerse de nada. Se trata de encontrar lo que necesita. El estrés es el resultado de necesidades no satisfechas. El primer paso suele ser aceptar la situación por el momento, pero después tiene que preguntarse qué necesita hacer para encontrar fuerzas y crecer como persona. A veces está bastante claro, otras no. Por ejemplo, si siente que la vida va demasiado deprisa y quiere un descanso de la locura de su vida, hágalo, pero si necesita encontrar algo espiritualmente poderoso dentro de usted, intente meditar sobre ello. Si esto parece una tarea demasiado difícil, intente meditar para darse cuenta de cómo se siente, de modo que puede liberarse de lo que no se sirve.

No tema pedir ayuda

No tenga miedo de buscar un profesor que pueda enseñarle técnicas que ayuden a despejar la mente si nada de lo que hace funciona. Pida lo que necesite al universo para que le ayude en el camino, y haga todo lo posible por esforzarse honestamente. Mientras esté haciendo todo lo posible y cuidando su energía, los espíritus vendrán con la forma correcta de ayuda para usted.

Cómo elevar su vibración

Hay muchos ejercicios para elevar su vibración para el trabajo espiritual, incluyendo la visualización, la meditación, tocar tambores y bailar. Veamos algunos.

Meditación: Esto se puede hacer sentándose en un cojín o sofá con los ojos cerrados. Concéntrese en visualizar una luz blanca en el centro de su ser, que se expande desde usted hacia el universo. También ayuda utilizar un objeto como punto focal durante la meditación, como una vela o una bola de cristal.

Bailar y tocar el tambor: En este tipo de prácticas, se recomienda incorporar el movimiento para alcanzar niveles más elevados de conciencia y conocimiento. Hay muchos vídeos de tambores chamánicos que puede encontrar gratis en Internet para ayudarle a elevar su vibración.

Mantras: Los mantras son una gran manera de conectar con su yo superior y ayudar a elevar su vibración. Hay muchos tipos diferentes de mantras, por ejemplo, el mantra de «la paz esté con usted» «Om Shalom Shanti» o el «Om Mani Padme Hum», que significa «Salve la joya del loto».

Compartir intenciones: Esta práctica ha sido utilizada por los nativos para llegar a las personas de las que desean obtener orientación o tal vez simplemente para hacer saber a sus seres queridos que están pensando en ellos. Esta práctica puede realizarse prácticamente en cualquier lugar y en cualquier momento. Cuando haya establecido la intención, simplemente pronúnciela en voz alta y siéntala en su corazón.

Sintonizar: Esta práctica se utiliza cuando necesitamos sintonizar con nuestro yo superior o para ayudarnos a ser conscientes de la energía de los demás. También es una buena forma de ponernos en contacto con la conciencia colectiva, que puede proporcionarnos guía e inspiración. Se puede simplemente sintonizar usando la intención y enfocándose en la energía de su Ser Superior o de cualquier espíritu con el que quiera trabajar.

Visualización: La visualización es una práctica poderosa que puede ayudarle a alcanzar diferentes niveles de conciencia y conocimiento. Funciona ayudándole a ver su entorno de forma diferente creando imágenes en su mente de lo que quiere conseguir. Puede ser una imagen de usted mismo levantando una bola de energía hacia el universo, una imagen del resultado final que quiere obtener al interactuar con los espíritus o una escena con sus guías espirituales o seres queridos. Cuando tenga esta imagen en mente, utilice su intención y concéntrese en esta visión hasta que se haga real para usted.

Afirmaciones positivas: Tener afirmaciones positivas es tan importante como tener intenciones. Las afirmaciones positivas son afirmaciones sobre nuestras vidas que creemos que son ciertas o que queremos que lo sean. En su mayoría son afirmaciones positivas utilizadas para ayudarle a validarse a usted mismo y a su espiritualidad para elevar su vibración. Algunos ejemplos de estas afirmaciones incluyen: «Soy un ser de luz» o «Ya estoy realizando el trabajo que necesito hacer para alcanzar mis metas».

Simbolismo ocultista y por qué es importante

¿Qué es exactamente el ocultismo? El término «ocultismo» proviene de la palabra latina *occultus*, que significa oculto. Originalmente era un término para designar el conocimiento de lo sobrenatural que se mantenía en secreto y sólo se transmitía de generación en generación de maestro a alumno. La fuente de esta información podía ser de naturaleza mágico-religiosa o no. Abarcaba temas considerados tabú, como la astrología, la alquimia, la magia, la adivinación y la brujería.

Se cree que el conocimiento oculto tiene su origen en las religiones prehistóricas, cuando servía de puente entre el hombre y dios. Las antiguas religiones paganas tenían su propio conjunto de rituales y símbolos relacionados con distintos elementos de la naturaleza, las estrellas, las estaciones y los ciclos de la vida. Estos símbolos se utilizaban para transmitir mensajes específicos del mundo de los espíritus a las personas para que entendieran e interpretaran estos mensajes lo mejor posible. Los conocimientos sobre ellos se transmitían oralmente de una generación a otra. Más tarde, con la expansión de la alfabetización, empezaron a aparecer registros escritos. Fue entonces cuando algunas prácticas ocultas se generalizaron y se convirtieron en conocimiento común entre las distintas sociedades.

Muchas personas están interesadas en la espiritualidad y el trabajo ritual, pero no saben mucho sobre el ocultismo. Tener un conocimiento básico de lo que ocurre no sólo es interesante, sino también importante.

Aprendiendo más sobre el ocultismo y sus símbolos, entenderá mejor con qué está trabajando durante sus rituales. No necesita saber demasiado, sólo lo suficiente para utilizarlo con fines personales. A medida que aprenda más, también comprenderá por qué y cómo se utilizan para su trabajo espiritual personal. También captará mejor los mensajes que los espíritus intentan compartir con usted.

Una semana de preparación para el trabajo espiritual

La siguiente es una rutina de preparación de siete días para ayudarle a comenzar su trabajo espiritual. Cuando se levante cada mañana o cuando se acueste por la noche:

1. **Conectar a tierra:** Se acaba de despertar y quiere estar plenamente presente. Puede sentarse en la cama con los pies en el suelo durante cinco minutos mientras respira conscientemente. Enraizarse al final del día está bien, así puede desprenderse de los restos energéticos del día.

2. **Meditar:** Cuando haya terminado de conectarse a tierra, es hora de meditar. Hágalo durante al menos cinco minutos y, como máximo, diez. Puede empezar a meditar directamente desde el proceso de enraizamiento. Esto ayudará a despejar la mente y a entrar en el espacio mental necesario para recibir comunicación psíquica.

3. **Visualizar cómo se abren sus chakras:** Si no es bueno visualizando, imagine la sensación de más energía fluyendo a través de cada chakra, desde el chakra raíz hasta el de la coronilla.

4. **Afirmaciones:** Afírmese a usted mismo que ahora es sensible a todo ser espiritual bueno con las mejores intenciones y el bien más elevado en mente. Formule esta afirmación como quiera. No se sorprenda si comienza a sentir presencias a su alrededor.

5. **Proyección:** Ahora, trasládese mentalmente a un momento en el futuro en el que sea muy hábil comunicándose con los espíritus. Imagine que acaba de terminar una sesión con ellos y deles las gracias. Sienta un profundo agradecimiento en su corazón por la claridad de sus mensajes. Haga esto durante cinco minutos.

Si no quiere hacer todos estos pasos a la vez, puede dividirlos como quiera, de modo que haga unos al levantarse y los otros al acostarse. Hágalo con constancia durante siete días y verá resultados fenomenales.

Capítulo 4: Canalizar a los espíritus

Ahora que ha pasado por la semana preparatoria, está listo para empezar a trabajar con el reino espiritual y sus habitantes. Lo ideal es que espere a terminar de leer el libro antes de comenzar su práctica, especialmente el último capítulo, que contiene información pertinente que debe tener si quiere practicar el trabajo con espíritus de forma segura y poderosa. Debe saber cómo limpiarse antes y después del trabajo para evitar problemas.

Es un hecho conocido que la mejor manera de profundizar en la verdad de nuestra existencia es entrar en estado de trance

https://www.pexels.com/photo/a-woman-sitting-at-the-table-7278733/

En este capítulo, aprenderá a entrar en estado de trance, los pasos para entrar en trance y cómo puede transmitir sus preguntas e intenciones a los espíritus con los que está trabajando. También aprenderá la importancia de cerrar la conexión cuando haya terminado y cómo hacerlo. Antes de entrar en toda esta información, tenga cuidado con buscar deliberadamente entidades negativas con intenciones maliciosas. Idealmente, debería tener espíritus amistosos como sus antepasados a su alrededor cuando trabaje con otros espíritus para que puedan mantenerle a salvo en caso de que haya algún asunto raro por parte de otros espíritus con los que esté tratando.

¿Qué es el estado de trance?

Entrar en trance es una práctica antigua. Durante varios miles de años, los humanos han utilizado todo tipo de métodos para alterar el estado de su conciencia y poder conectar con los mundos invisibles. Muchas tradiciones, culturas y religiones incorporan estados de trance en sus prácticas espirituales. Es un hecho conocido que la mejor manera de profundizar en la verdad de nuestra existencia es entrar en un estado de trance. Independientemente de sus prácticas y creencias espirituales, descubrirá que el estado de trance es muy útil para profundizar en su viaje espiritual. Si quiere conectar con los espíritus, definitivamente debería aprender a entrar en trance. La pregunta es, ¿qué es eso?

Un estado de trance es un estado mental o de conciencia diferente de su conciencia de vigilia ordinaria, el cual está utilizando para leer este libro. En ese estado, no está ni totalmente despierto ni totalmente dormido. En otras palabras, el estado de trance se sitúa en el delgado límite entre la mente consciente y la subconsciente. El estado de trance es el que se alcanza cuando se está soñando despierto o desconectado. Hay que recordar cinco niveles de estado de trance.

Trance muy ligero: Es el nivel uno. En esta fase, su conciencia pasa a centrarse principalmente en lo que ocurre en su interior. En este punto, es consciente de lo que piensa y de cómo se siente física y emocionalmente. Si practica la meditación con regularidad, lo más probable es que ya sepa lo que es entrar en este estado de conciencia.

Trance ligero: Este es el nivel dos. Puede saber que está en este nivel porque la conciencia que experimenta será parecida a un sueño. Piense en lo que se siente al fantasear y perderse en mundos que ha creado en su mente. Esto es lo que se siente en este nivel de trance. Si está viendo la televisión, leyendo un libro o haciendo un viaje en el que ha estado tantas veces que no tiene que pensar mucho para encontrar el camino, significa que ha experimentado este trance.

Trance medio: El nivel tres de los estados de trance consiste en estar en la zona. También se conoce como estado de flujo. En este estado, no es consciente del paso del tiempo, de lo que le rodea e incluso de su cuerpo.

Trance profundo: Este es el nivel cuatro, y lo experimenta cuando está en el estado normal de sueño o tiene hipnagogia, que es el punto en el que se está quedando dormido y empieza a ver formas y colores que aparecen y desaparecen de los ojos de su mente, entre otro tipo de imágenes. Experimenta hipnagogia cuando su mente consciente empieza a perder el control y a relajarse durante el día. También puede notar que su mente se inventa las historias más extrañas en este momento, y puede sentir u oír alucinaciones e incluso tener la sensación de caerse, aunque esté en la cama.

Trance muy profundo: El nivel cinco es el último. En este punto, ya no tiene conciencia. Ni siquiera tiene sueños, sino que está comatoso a todos los efectos.

¿Por qué es importante el trance?

Cuando se trata de trabajo espiritual, los mejores niveles de trance para trabajar son de los niveles dos a cuatro. Es necesario estar en estado de trance cuando se trabaja con espíritus porque este estado de conciencia permite silenciar la mente consciente crítica, que tiende a interferir en la comunicación espiritual. Póngase primero en trance porque a su mente racional y consciente le gusta actuar como un obstáculo para la mente subconsciente. Su ego pretende mantenerle a salvo de cualquier cosa que considere una amenaza que, según su ego, es cualquier cosa que amenace su propia existencia. El problema con el ego es que hace que resulte difícil deshacerse de hábitos tóxicos, aprender otros nuevos y mejores y profundizar en su práctica espiritual porque le preocupa que pueda experimentar una pérdida del ego o la muerte del ego. Su ego utilizará todas las herramientas para frustrar su trabajo espiritual, incluyendo la escisión, la proyección, la negación y la represión.

El trance siempre se ha utilizado en el trabajo espiritual, ayudando a las personas a conectar con sus guías espirituales, familias del alma, antepasados y guías animales, entre otros seres del reino de los espíritus.

Muchas teorías explican cómo el trance puede ayudar a profundizar la conexión con el espíritu. Sin embargo, la más plausible es que la mente subconsciente de todo el mundo está conectada, creando algo llamado el subconsciente colectivo, un concepto sugerido por Carl Jung. También se le llama mente profunda o mente universal. A través de la mente profunda, podemos conectar con cualquier energía que queramos.

Cómo entrar en estado de trance

Puede utilizar los siguientes métodos para entrar en estado de trance, ya sea el trance ligero o el trance profundo. La forma en que trabaje con estos métodos depende de usted, pero tenga en cuenta que si lucha contra el trastorno esquizoafectivo, la esquizofrenia o cualquier otro tipo de enfermedad mental que sea profundamente problemática, debe consultar primero con su profesional médico para asegurarse de que está bien practicar estas cosas.

Utilice el trabajo respiratorio: Cuando respira siguiendo un cierto patrón y a un cierto ritmo, es probable que cambie su estado de conciencia. Hay varias prácticas yóguicas de respiración que pueden ayudarle. Por ejemplo, el pranayama es un trabajo respiratorio que ayuda a deshacerse de los escollos emocionales y mentales de su vida. También puede crear un estado de trance. Pruebe el *pranayama udgeeth*. Udgeeth significa «canto profundo y rítmico», y pranayama significa «trabajo respiratorio», «ejercicios respiratorios» o «dominio de la respiración y la energía». Con esta forma concreta de pranayama, cantará el mantra Om siguiendo un ritmo. Éstos son los pasos:

1. Siéntese en un lugar cómodo, preferiblemente sobre una superficie estable. Mantenga la columna elongada. Una manta doblada bajo las caderas puede ser un excelente apoyo si se sienta en el suelo. Plante ambos pies en el suelo de forma firme y plana si utiliza una silla.
2. Cierre los ojos o mantenga una mirada ligera.
3. Empiece a respirar profundamente por la nariz mientras deja que su cuerpo se relaje. Revise su cara, cuello y hombros para asegurarse de que no guardan tensión.
4. Mientras respira, asegúrese de que sólo su vientre se mueve hacia arriba y hacia abajo en cada inhalación y exhalación.
5. Haga todo lo posible para que las exhalaciones sean más largas que las inhalaciones, y no se esfuerce mientras respira.

6. Mientras respira, cante el Om y preste atención a cómo vibra el mantra. Fíjese también en cómo siente la respiración. Debe cantar lo suficientemente alto como para oírse y sentir la vibración, pero lo suficientemente bajo como para permanecer concentrado en su respiración al mismo tiempo.
7. Siga cantando mientras respira lentamente y mantiene la atención en la respiración. Cuando esté listo para salir, tómese un momento para sentarse en silencio y asimilar todo lo que ha recibido de la experiencia espiritual.

Utilizar mantras: Un mantra es un sonido o palabra que se repite para entrar en trance. No es lo mismo que rezar, que sólo conduce a un estado de trance ligero, ya que necesitará su mente consciente para rezar. Si le atrae la oración, puede probar diferentes formas, como utilizar un lenguaje que invente sobre la marcha, un lenguaje diferente al que está acostumbrado, etc. Hacerlo así le ayudará a eludir su mente consciente y racional.

Probar con tambores y sonidos chamánicos: Los chamanes trabajan con tambores porque ayudan a poner a las personas espirituales en un estado de trance para que puedan comenzar sus viajes chamánicos. Puede comprar un pequeño tambor (como un bongo o un tambor de mano) o trabajar con algunos sonidos de tambores chamánicos en línea. Los mejores sonidos son los repetitivos y sin voz. Si elige sonidos con voz, es mejor optar por algo que no esté en su idioma y, por tanto, no pueda distraerle. Otras herramientas excelentes son los ritmos binaurales e isocrónicos.

Mirar hacia arriba: Este método es sencillo. Siéntese en un lugar tranquilo y cómodo donde no le molesten ni distraigan y, a continuación, mire algo que esté por encima del nivel de sus ojos. Mantenga la mirada fija en ese punto y, mientras lo hace, fíjese en las paredes y otros objetos de su visión periférica mientras mantiene simultáneamente la atención en el punto situado justo encima de usted. Mantenga esta mirada durante por lo menos cinco minutos.

Hipnotismo: La autohipnosis es una herramienta increíble para entrar en trance y hacer su trabajo espiritual. Es más poderosa de lo que la mayoría cree, y es segura porque usted es quien decide la profundidad del trance, y nadie puede obligarle a hacer nada que no quiera hacer. Para hipnotizarse, permanezca en una habitación oscura. Asegúrese de que todo esté en silencio y de que no haya distracciones ni perturbaciones. Túmbese y preste atención a su respiración. En su mente, repita una y otra vez: «Duerme... Duerme... Duerme profundamente... Duerme profundamente...». Haga esto durante varios minutos, lo más lentamente posible. Con el tiempo, notará que su cuerpo está más ligero y caliente que de costumbre, y su mente se calmará por completo. En este punto, está en trance.

Utilizar un péndulo: Puede mover el péndulo de un lado a otro delante de usted para entrar en estado de trance. Siéntese en un lugar tranquilo y cómodo, y luego dirija su atención al péndulo. Puede darle un suave balanceo para iniciar su movimiento, o puede utilizar el péndulo para moverse (se moverá debido al efecto ideomotor). Haga esto durante cinco o diez minutos y se encontrará en trance.

Ahora está en trance

Lo ideal es que, antes de entrar en estado de trance, tenga claras sus intenciones para comunicarse con los espíritus. He aquí algunas ideas que tal vez desee llevar a cabo:

- Puede que quiera hacer preguntas a los espíritus sobre sus vidas.
- Puede tener preguntas sobre una situación específica con la que está lidiando en su vida.
- Puede pedirles claridad sobre qué hacer a continuación.
- Puede preguntarles sobre verdades universales, como las leyes de la manifestación.
- Puede pedir a los espíritus que le muestren lo que más necesita saber en ese momento.
- Puede hacerles saber que está dispuesto a ser un canal para que hablen en su nombre o en el de otra persona.
- Puede pedir que fluya energía curativa a través de usted y hacia usted mental, física o emocionalmente.
- Puede asignarles una tarea para que le ayuden a detener a alguien que se está frustrando.

Sean cuales sean sus intenciones o preguntas, téngalas presentes mientras entra en trance. Cuando lo haga, lo siguiente es reafirmar esa intención o formular la pregunta en voz alta y luego sentarse y esperar. Si ha optado por la escritura automática, debe estar preparado con papel y bolígrafo. Si canaliza las respuestas del espíritu, resultará útil tener la aplicación de grabación de sonido del teléfono abierta y preparada.

Algunas sesiones no requieren que haga preguntas a los espíritus. En esos casos, puede simplemente sentarse con ellos en comunión silenciosa. Si se trata de una intención, sabrá que han decidido ayudarle cuando reciba un conocimiento interno u otros mensajes que indiquen que lo que desea es un hecho. Entonces puede sentarse en agradecimiento durante más tiempo o salir del trance.

Salir del estado de trance

No basta con saber cómo entrar en trance. También hay que saber salir de él. Cuando haya terminado de trabajar con los espíritus, debe darles las gracias y hacerles saber que su presencia ya no es necesaria, a menos que sean espíritus amigos como sus antepasados o un ser querido. Si son otros espíritus con los que no está familiarizado, debe darles las gracias e indicarles que abandonen su espacio. Después, vuelva a prestar atención a su respiración y permítase volver lentamente a la consciencia prestando atención a los sonidos que le rodean, a cómo siente su cuerpo y a cualquier otra cosa que pueda conectarse con el mundo material. Sienta el suelo bajo sus pies, fíjese a qué sabe su boca y siente lo que es estar presente. Por último, si cierra los ojos, ahora puede abrirlos. Si los tiene abiertos con una mirada suave, puede enfocar lentamente la habitación.

Limpiarse y limpiar su espacio

Al final de la comunicación espiritual, es importante que se limpie y limpie su espacio. Esto se debe a que no quiere ninguna energía residual persistente que pueda actuar como un imán, atrayendo a los espíritus de nuevo a su espacio donde pueden decidir tomar la agencia y hacer lo que quieran, que no siempre puede ser lo mejor para usted. Por lo tanto, no puede saltarse el proceso de limpiarse y limpiar su casa o el espacio en el que se comunicó con el espíritu. He aquí cómo hacerlo:

Utilizar agua salada: Cuando haya terminado con la canalización del espíritu y sepa que se han ido, puede rociarse agua salada de una botella con atomizador. La sal puede purificar la energía y eliminar cualquier energía rancia o mala a su alrededor. También debe rociar esta agua alrededor de su casa. Si no tiene una botella pulverizadora, simplemente asegúrese de tener un cuenco de agua con un poco de sal antes de empezar la sesión. Cuando haya terminado, sumerja la mano en el cuenco de agua salada y pásese los dedos por encima para que el agua caiga sobre su cuerpo. A continuación, vierta el agua en el aire que rodea su espacio para limpiar la zona. Si quiere, también puede darse un baño con agua salada y lavar con agua salada la ropa que utilizó para acercarse a los espíritus.

Utilizar un huevo: La limpieza con huevo es una práctica muy conocida en muchas culturas de todo el mundo. Basta con coger un huevo crudo y frotarlo contra el cuerpo, empezando por la coronilla y bajando hasta los pies. Asegúrese de utilizar movimientos descendentes. Debe ser como si empujara la energía desde su cuerpo hacia el suelo. Asegúrese de no volver a subir el huevo a ninguna parte del cuerpo que ya haya tocado. Al terminar, puede utilizar el mismo huevo para limpiar la habitación, caminando de una esquina a otra con el huevo en el aire hasta que haya cubierto todo el perímetro de la vivienda. A continuación, saque el huevo fuera de casa y rómpalo.

El método de la vela verde: Algunas personas utilizan una vela verde por sus propiedades limpiadoras. Enciéndala y camine alrededor de su casa, llevándola de nuevo a cada esquina hasta que haya cubierto todo el perímetro de su vivienda. Después, como hizo con el método del huevo, rompa la vela verde, que liberará su energía en la atmósfera para limpiar su espacio.

Nota final

Al llegar a los espíritus a través del trance, debe saber que es posible que no tenga éxito en el primer intento o incluso en los primeros intentos. Es importante que sea paciente. Siga practicando y, tarde o temprano, empezará a recibir mensajes del otro lado. También hay que decir una vez más que debe evitar cualquier entidad negativa. No las busque. Si alguien le pide ayuda para llegar a un espíritu que fue una mala persona en su vida pasada, lo más probable es que reciba un codazo intuitivo para que no lo haga. Haga caso cada vez que aparezca. Además, si resulta que está conectando con un espíritu, y algo se siente mal, cierre la conexión inmediatamente diciéndole educada pero firmemente que debe abandonar su espacio, ya que cerrará la sesión de inmediato. No espere una respuesta porque no necesita su permiso para terminar la sesión. Termínela, límpiese y limpie su espacio, y pida la protección de sus espíritus ancestrales amigos.

La comunicación con los espíritus puede ser una experiencia emocionante y enriquecedora. Aun así, es importante que se asegure de tener las herramientas y los conocimientos adecuados para hacerlo. Si no toma las precauciones de seguridad adecuadas, esa emoción podría convertirse rápidamente en ansiedad o miedo.

Un estado de trance es un estado psicológico considerado un nivel elevado de funcionamiento cognitivo en hipnosis en el que las personas parecen más sugestionables de lo habitual. Entrar en este estado antes de comunicarse con los espíritus tiene varias ventajas. Una de ellas es separar la mente consciente de todos los estímulos y pensamientos externos, lo que hace que la experiencia general sea mucho más agradable. Otras ventajas son las siguientes

- Disminuir el miedo y la ansiedad, haciendo más fácil permanecer en el momento y conectar con los espíritus. La mente subconsciente es la que hablará con los espíritus, por lo que no querrá que su mente consciente interfiera o piense demasiado. Usted quiere que su mente subconsciente sea lo más clara y centrada posible para que pueda superar sus temores iniciales de la comunicación con los espíritus y encontrar el nivel de comodidad que necesita para obtener respuestas de los que han fallecido.

- Despejar toda duda en su mente acerca de la comunicación con espíritus. Si tiene un pensamiento negativo sobre los espíritus y la comunicación espiritual de antemano, sentimientos de miedo, ansiedad y duda le afectarán. Estos pensamientos son demasiado fuertes para ser superados solo por su mente consciente. Así que tener esa mente subconsciente despejada antes de empezar hará las cosas mucho más fáciles para usted. Por eso debe entrar en trance.

Capítulo 5: Herramientas espirituales y cómo usarlas

Algunos practicantes creen que no debe usar herramientas para comunicarse con los espíritus, pero no es así. Si es principiante, encontrará las herramientas especialmente útiles para su práctica, ya que facilitarán mucho la apertura de una línea de comunicación con el mundo espiritual. Hay varias herramientas con las que puede trabajar. Eche un vistazo a cada una de ellas para encontrar la que mejor resuene con usted, y utilice sólo esa a menos que su intuición le diga que es hora de probar otra cosa. Éstas son algunas de las herramientas:

No sólo puede usar el péndulo para ayudarle a diagnosticar problemas energéticos y espirituales, sino que también puede usarlo para tomar decisiones y conectar con los espíritus

https://www.pexels.com/photo/close-up-shot-of-a-silver-round-pendant-7267149/

- El péndulo
- La ouija
- Papel y bolígrafo (para escritura canalizada o automática)
- Espejo (para adivinar)
- Un recipiente con agua (para adivinar)
- Velas y varitas de incienso (también para adivinar)

Independientemente de la herramienta con la que trabaje, asegúrese de limpiarla con agua salada o mancharla con salvia. También debe cargar las herramientas. Para ello, déjalas reposar a la luz del sol, bajo la luna llena, o simplemente coloque las manos sobre ellas y visualice o sienta cómo la buena energía fluye de sus manos a las herramientas. Ahora es el momento de ver cómo utilizar cada una de ellas.

Comunicación con el péndulo

El péndulo puede ser de cualquier material. Algunos son simplemente collares con un amuleto, cristales u objetos pesados que puede balancear. El objeto no debe ser ni demasiado pesado ni demasiado ligero. Preferiblemente, debe pesar media onza. Los mejores péndulos tienen un peso que se estrecha en punta y mide unos quince centímetros. Si no quiere comprar uno, puede fabricarlo usted mismo con cualquier cuerda improvisada y objetos como llaves. No sólo puede utilizar el péndulo para diagnosticar problemas energéticos y espirituales, sino también para tomar decisiones y conectar con los espíritus. Incluso puede usarlo para encontrar cosas que ha perdido. He aquí cómo utilizar un péndulo correctamente.

Averigüe su programación

En primer lugar, debe saber cómo oscila su péndulo cuando le dice sí, no o tal vez. Asegúrese de que no hay nadie cerca que pueda molestarle mientras lo averigua. Además, asegúrese de estar en el estado de ánimo adecuado (no alterado ni cansado), para no malinterpretar sus respuestas. Puesto que su intención es utilizar el péndulo para interactuar con el espíritu, es mejor que trate bien a su péndulo y maneje el proceso con reverencia.

Siéntese ante una mesa o un escritorio y apóyese en él con el codo para sostenerlo. El codo debe pertenecer a su mano dominante. Sujete el péndulo con esa mano entre el pulgar y el índice, y deje que se balancee solo. Luego puede pedirle al péndulo: «Muéstrame un sí», y esperar a ver en qué dirección oscila. Si no se mueve, no hay respuesta. Pase a la siguiente petición: «Muéstrame un no». Esto se debe a que algunos péndulos prefieren responder primero a una pregunta y no a la otra. El péndulo puede moverse hacia delante y hacia atrás, hacia la izquierda y hacia la derecha, en círculos grandes o pequeños. Anote sus respuestas a medida que vaya preguntando. Pídale también que le muestre «No lo sé» y «Tal vez». Si lo prefiere, puede dibujar un círculo en una hoja de papel, dividirlo en cuatro cuadrantes y rotular cada cuadrante con «Sí», «No», «Tal vez» y «No sé».

Cuando haya elaborado las instrucciones, haga algunas preguntas sencillas de las que ya sepa las respuestas a modo de calentamiento para asegurare de que todo funciona como debería.

Entre en estado de trance

Esto es para entrar en la vibración donde puede convocar la energía de los espíritus con los que quiere interactuar y mantener su mente enfocada en sus intenciones y preguntas.

Pregunte al espíritu si está presente

Su péndulo debería oscilar para saber. También puede usar su tabla de péndulo para averiguarlo dejando que el péndulo cuelgue sobre cada palabra. Donde empiece a moverse, ésa es su respuesta.

Pregúntale al espíritu lo que quiera saber

Obviamente, está limitado a preguntas de sí y no, a menos que quiera crear un gráfico de péndulo con cada letra del alfabeto (en cuyo caso, quizás un tablero de Ouija sería más apropiado).

Cuando haya terminado, de las gracias a los espíritus y cierre la sesión, después límpiese, a su péndulo y su espacio.

Comunicarse a través de la ouija

La ouija es una forma fácil de conectar con los espíritus. Muchos se ponen nerviosos con este tablero, ya que piensan que es un portal por el que pueden entrar fuerzas malévolas. Sin embargo, hay razones para tener cuidado con este tablero. Si nunca dejaría la puerta de su casa sin cerrar cada vez que sale, entonces debe tener cuidado de no terminar una sesión correctamente. Cuando quiera conectar con el mundo de los espíritus a través de la ouija (o de cualquier otra herramienta), tiene que saber exactamente con quién quiere comunicarse. Si no le gustaba una determinada persona cuando estaba viva, lo más probable es que no quiera saber nada de ella sólo porque haya fallecido. Así que, antes de nada, tenga claras sus intenciones. Puede comprar un tablero o hacerlo usted mismo.

Cómo hacer su tabla ouija

1. Tome un papel grande y escriba «Sí» arriba a la izquierda y «No» arriba a la derecha.
2. Debajo de las palabras «Sí» y «No», escriba cada letra del alfabeto en un ligero arco. Que el primer grupo de letras sea de la A a la M y el segundo grupo de la N a la Z.
3. En la parte inferior izquierda del papel, escriba «Hola», y en la parte inferior derecha, escriba «Adiós».
4. Dibuje un círculo encima de la palabra «Sí» y ponga guiones alrededor, así tendrá un sol con rayos.
5. Dibuje una luna creciente sobre la palabra «No» y dibuje rayos que emanen de ella.
6. Para la plancheta, trabaje con un vaso al revés.

Uso de la tabla ouija

Prepare el espacio: La habitación que utilice debe estar a oscuras. Usar la luz de las velas es una buena idea, ya que los espíritus se sienten atraídos por las llamas y la energía del fuego. Elimine todas las distracciones y guarde todos los teléfonos y otros dispositivos.

Ubique la tabla: Puede dejarla sobre sus rodillas.

Haga un calentamiento: Para calentar la tabla, muévala dibujando el símbolo del infinito o la figura del ocho.

Decida con quién quiere conectar y entre en estado de trance: Cuando decida con qué espíritu quiere contactar, utilice el método que más le convenga para entrar en estado de trance.

Pregúntele si está presente y, cuando se lo confirme, hágale sus preguntas: Cuando le haga preguntas, sea cortés con su invitado. Tenga en cuenta que puede deshacerse de él si es grosero con usted, se burla de usted o arruina la sesión de espiritismo que está celebrando.

Anote todos los mensajes que reciba: Con el tiempo, se dará cuenta de que usted puede rellenar los espacios en blanco porque está canalizando la información en tiempo real y mucho más rápido de lo que se mueve la tabla. Anote todo, porque sin duda será información útil. Tenga en cuenta que a veces los espíritus cometen errores ortográficos. No pasa nada.

Cuando haya terminado, agradezca el tiempo que le ha dedicado y déjelo seguir su camino: Puede agradecerle el tiempo y el esfuerzo que le ha llevado conectar con usted. Luego dígale que siga su camino y abandone su espacio.

Límpiese y limpie su espacio: Utilice cualquiera de los métodos mencionados anteriormente.

Consejos adicionales: No utilice la ouija si está sobreexcitado. Lo más probable es que si está muy excitado, quiera hacer demasiadas preguntas. En caso de que lo haga en grupo, el espíritu se puede confundir si todos hacen preguntas a la vez. Háganlo por turnos.

Otro consejo es que nunca haga preguntas para descubrir cosas que no debería, como cuándo o cómo morirá. La mayoría de los espíritus no le darán una respuesta seria. Tampoco pierda el tiempo haciendo preguntas cuya respuesta ya conoce. Y asegúrese de que el espíritu que le acompaña no intenta apoderarse de la sesión, porque lo ha convocado para obtener respuestas, no para que le dé un sermón.

El hecho de que algo llegue a través de la tabla no significa que sea cierto, por lo que debe consultar a su instinto y practicar el discernimiento para estar seguro. Tome solo lo que realmente le resuene del mensaje y olvide el resto. Hay ocasiones en las que la sesión de espiritismo no funciona. Y no pasa nada. Los espíritus son como los humanos, a veces no tienen ganas de charlar. No se lo tome como algo personal. Vuelva a intentarlo en otra ocasión.

La comunicación a través de la escritura automática

1. En primer lugar, sepa qué quiere obtener de esta interacción.
2. Despeje su mente y conéctese a tierra.
3. Tome una hoja de papel y un bolígrafo, o abra un nuevo documento en su ordenador.
4. Entre en estado de trance.
5. Diga «hola» al espíritu y, a continuación, hágale sus preguntas.

6. Deje que su mano escriba como quiera. No juzgue nada de lo que recibe.
7. Cuando haya terminado de preguntar, dé las gracias a los espíritus y pídales que se vayan.
8. Límpiese y limpie su espacio ritual.
9. Ahora, analice lo que ha escrito en el libro. Si cree que no es nada serio, no se preocupe. Con el tiempo, obtendrá información más clara y mejor utilizando este método. Solo asegúrese de practicar a menudo.

Es posible que algunos de los mensajes que le lleguen tengan sentido en cuanto a la estructura de las frases, pero que su significado no quede claro hasta pasado un tiempo, cuando suceda algo; entonces, puede que de repente sepa de qué se trataba. Después de la sesión, puede reflexionar sobre estos escritos automáticos, pero no se castigue si no entiende. Confíe en que todo se revelará.

Comunicación a través de la adivinación

La adivinación consiste en mirar un objeto reflectante para ver cosas en él. Puede ver imágenes, palabras, el pasado, el presente, el futuro y mucho más. La adivinación es un arte que se practica con diversos medios, como lagos, cuencos de agua, fuego, latón, cobre, humo, etc. Hoy en día, muchos adivinos utilizan espejos de adivinación, también conocidos como espejos negros. Si quiere hacer el suyo, puede conseguir los materiales que necesita en una tienda de variedades. La mayoría de los espejos son redondos, pero puede optar por algo cuadrado si quiere. Necesitará un marco y un trozo de cristal. El cristal le servirá de superficie reflectante.

1. Limpie el cristal con un limpiacristales, para que no tenga manchas.
2. Coloque el cristal sobre un periódico. Solo necesita una hoja.
3. Pinte el cristal de negro con pintura acrílica. Lo mejor es optar por una pintura que deje un acabado metálico o brillante, pero si solo tiene pintura mate, también sirve. Es posible que tenga que pasar varias capas finas, esperando a que se seque cada una antes de aplicar la siguiente. Asegúrese de que no quede ninguna mancha al descubierto y de no dejar rayas. Con cinco capas debería bastar para que no se vea a través de la pintura si sostiene

el cristal a contraluz.
4. Vuelva a colocar el cristal en el marco con el lado pintado como reverso. El cristal transparente debe quedar hacia delante.
5. Limpie el cristal una vez más para eliminar todas las rayas y habrá terminado.

Puede comprarlo en línea si no quiere hacerlo.

Cómo adivinar con su espejo de adivinación

1. Limpie su espejo con el humo de un poco de salvia. Esto eliminará cualquier energía vieja, rancia y mala.
2. Bendiga su espejo y tómelo, dejando que sus manos se posen sobre él e imaginando que una bola de luz blanca se mueve desde sus manos hacia el espejo. Imagine que siente la energía positiva fluyendo desde sus manos hacia el espejo si no puede visualizarlo. También puede cargarlo a la luz del sol o bajo la luz de la luna llena.
3. Cuando esté listo para usar su espejo, asegúrese de que no haya mucha luz en la habitación. Puede bajar las persianas y encender velas a ambos lados del espejo. También puede atenuar las luces.
4. Coloque el espejo de forma que quede en un ángulo que le impida reflejarse en él.
5. Conéctese a tierra y tómese unos minutos para entrar en trance.
6. Cuando tenga la mente despejada y vacía, mírese en el espejo. Si tiene alguna pregunta que hacer, puede hacerla. Tenga en cuenta que quiere mirar a través del espejo o más allá de él, en lugar de directamente hacia él. Al principio, puede que no vea nada, pero con el tiempo notará colores. Puede que las imágenes que obtenga no sean claras al principio, pero con el tiempo y la práctica, verá que se vuelven más nítidas.
7. Al principio, practique entre diez y quince minutos cada día; después, puede intentarlo durante más tiempo. Tenga en cuenta que a veces puede no obtener ninguna imagen, pero recibirá un empujón intuitivo sobre lo que está buscando.
8. Mantenga un bolígrafo y un papel cerca del espejo para anotar las cosas importantes que vea en cuanto haya terminado la adivinación.

Capítulo 6: Trabajar con ancestros y seres queridos fallecidos

Ahora que conoce todo lo necesario sobre la comunicación con los espíritus, es el momento de aprender a contactar con determinados tipos de espíritus. En este capítulo, aprenderá a conectar con sus ancestros y sus seres queridos fallecidos.

Muchas personas se encuentran con espíritus de sus ancestros sin darse cuenta
https://www.pexels.com/photo/man-hands-people-woman-7189444/

¿Alguna vez ha sentido un escalofrío en el aire o ha percibido que alguien está detrás de usted? ¿Alguna vez ha mirado por encima del hombro pensando que había alguien y en realidad no había nadie? No está loco. Los espíritus de nuestros antepasados viven con nosotros.

Muchas personas se encuentran con espíritus ancestrales sin darse cuenta. Lo mejor es tener la mente abierta ante estos encuentros, porque pueden ser poderosos y positivos. Cuando se comunica con sus ancestros espirituales, siente como si estuvieran a su lado, pidiéndole que les permita ser una parte útil y positiva de su vida. Tenga la edad que tenga y crea o no en fuerzas sobrenaturales, es saludable relacionarse con los espíritus de los miembros de su familia que han dejado este mundo.

Los espíritus ancestrales son más que amigos imaginarios y guardianes. Son una parte viva de su historia, parte de su herencia. Según las tradiciones de los nativos americanos, son un puente entre los muertos y los vivos, y nos hablan para que compartamos nuestras historias con ellos.

Beneficios de conectar con los ancestros

Los espíritus ancestrales ayudan a curar heridas del pasado. Hablar con sus guías espirituales o espíritus ancestrales es una gran manera de sanar heridas del pasado. Estos espíritus son los guardianes de su linaje familiar, que se remonta al principio de su tribu. Hablar con ellos le permite conectar con todo lo que pasaron sus ancestros, lo mucho que sufrieron y lucharon por vivir en una época diferente. Los espíritus de sus ancestros están profundamente conectados con sus historias y quieren que hable de ellas para que pueda aprender de sus luchas y errores.

Los espíritus ancestrales liberan de pensamientos o emociones negativas como el miedo, la ira y otros sentimientos dolorosos. No es raro que las personas sientan emociones que no quieren o no necesitan. Un espíritu ancestral puede ayudarle a liberarse de pensamientos y sentimientos negativos que le frenan en otros objetivos de su vida.

Los espíritus ancestrales ayudan a alcanzar metas, ya sean profesionales, de crecimiento espiritual o cualquier otra cosa importante. Un espíritu ancestral puede ayudarle a hacer realidad sus sueños. Esto sucede cuando da voz a sus antepasados y permite que los espíritus le hablen directa y poderosamente de su vida, dándole la fuerza y la determinación interior que necesita para hacer realidad sus sueños.

Los espíritus ancestrales dicen exactamente lo que se necesita oír.
Cuando permite a los espíritus de sus ancestros que hablen con usted, no le dicen tonterías ni «todo va a estar bien». Más bien, son brutalmente honestos y no se guardan ninguna verdad. A veces esto puede ser doloroso, pero a menudo las palabras que más necesita oír son las que más duelen.

Conectar con los ancestros

Antes de ponerse en contacto con sus ancestros, lo primero que debe plantearse es buscar en su árbol genealógico. Si esto no es posible para usted, no se preocupe. Es solo un paso opcional que puede ser útil para establecer una conexión con sus antepasados. Por ejemplo, saber quiénes son puede ayudarle a conocer sus cosas favoritas y determinar qué ofrendas hacerles. Aquí tiene algunos consejos para conocer sus raíces:

Organice lo que aprende

Las primeras semanas le darán mucha información, y necesita una forma de organizar lo que aprenda. Antes de empezar a investigar, debe utilizar una base de datos genealógica en línea como ayuda. Puede encontrar muchas gratuitas o pagas, incluida la popular Ancestry.com, una opción excelente porque tiene en su base de datos decenas de millones de árboles genealógicos. Las ramas pueden serle útiles mientras busca.

Busque pistas en su casa

Debe tener en cuenta todo lo que le rodea. Busque patrones y compruebe su historia familiar. Algunas pistas sobre quién es usted podrían estar ocultas a plena vista. Puede revisar el sótano, los cajones, el desván, los documentos personales, las cartas y cualquier otra cosa que esté guardada y que pueda serle útil. Fíjese en objetos y documentos fechados y revise álbumes familiares y recuerdos. Mire diarios, boletines de notas, etc. Involucre a sus familiares en el proceso y hágales saber su motivación.

Hable con los mayores

Los parientes de más edad tienen más información que usted. Cuanto más mayores, mejor, ya que servirán de enlace con generaciones anteriores que quizá no conozca. Incluso cuando tenga los datos de toda su familia, debe hacer preguntas a sus mayores y grabarlas, porque pueden darle detalles aún más importantes. Pídales ayuda para identificar caras y lugares en fotos antiguas, ya que esto podría conducirle a historias que le den aún más información con la que trabajar. Pregunte por sus abuelos, bisabuelos y otros parientes. Pregúnteles sus nombres completos, sus hermanos, dónde nacieron, cuándo nacieron, sus etnias y nacionalidades, a qué se dedicaban, dónde fueron enterrados, etcétera. Sea respetuoso al hacer estas preguntas. Si alguien se niega a responder a ciertas cosas, debe pasar a otro tema en lugar de insistir y ofenderle. Puede que encuentre las piezas que faltan investigando por su cuenta.

Utilice Internet

Una vez que tiene toda la información de las preguntas a sus parientes y de la investigación en casa, es hora de recurrir a Internet. Puede utilizar diferentes servicios, páginas y otros recursos que le ayudarán con su genealogía. FamilySearch es un buen recurso gratuito, dirigido por la iglesia mormona y sin ánimo de lucro. Llevan cien años recopilando registros por todo el mundo y actualizan sus registros en línea con decenas de millones de entradas cada semana. Consulte sus libros, publicaciones, catálogo de microfilmes, etc.

Hágase una prueba de ADN

National Geographic ofrece Geno 2.0, una herramienta que puede ayudarle a descubrir más sobre quién es sin necesidad de seguir un rastro físico. Sabrá cómo emigraron sus antepasados hace eones y dónde están realmente sus raíces. Tiene un servicio de pruebas de ADN con una impresionante base de datos de personas ya analizadas y la opción de almacenar sus muestras de ADN de forma gratuita por si quiere hacerse otra prueba más adelante. Debe tener cuidado con su decisión de hacerse la prueba, ya que puede conocer muchas cosas sobre sus familiares directos o sobre usted mismo para las que no está preparado.

Socialice

Las redes sociales vienen bien en esta tarea. Puede conectar con personas con los mismos apellidos que usted y buscar organizaciones locales, archivos y servicios genealógicos de la ciudad de origen de un antepasado. Le resultará muy útil hablar con desconocidos con los que comparta apellidos si ellos no han tenido que lidiar con demasiada gente que les haga esas mismas preguntas.

Controle sus expectativas

La mayoría de los programas de televisión tienden a ser sensacionalistas respecto del proceso de descubrir información genealógica. Como resultado, algunas personas piensan que descubrirán que están emparentadas con algún gran personaje del pasado. Lo más probable es que sus orígenes sean muy corrientes, y eso no tiene nada de malo. De cualquier manera, sus ancestros marcaron una diferencia en el mundo porque, al fin y al cabo, usted no estaría aquí sin ellos.

No renuncie

Descubrir sus raíces es muy gratificante. Si le dedica tiempo y trabajo y sigue adelante a pesar de los obstáculos, se alegrará de haberlo hecho. Esto se debe a que podrá establecer una conexión más rica con sus antepasados. Si se pregunta cuánto durará el proceso, recuerde que cuanto más investigue su pasado, más antepasados conocerá. En otras palabras, el proceso de descubrir su linaje nunca termina. Así que disfrútelo. Cuando empiece a conectar con sus espíritus ancestrales, podrá hacerles preguntas para las que no ha encontrado respuesta. Estarán encantados de rellenar los espacios en blanco, ya que se ha interesado mucho por ellos y por sus vidas.

Cómo conectar con los espíritus de sus ancestros

He aquí un ritual que puede utilizar para conectar con los espíritus de sus ancestros.

1. **Conéctese a tierra:** Debe tener la energía adecuada para realizar este ritual. Por lo tanto, es importante que se conecte a tierra. ¿Se siente cansado o no está del todo presente? Utilice el ritual de conexión a tierra del capítulo anterior para obtener energía que se alimente de la tierra. ¿Se siente demasiado excitado? ¿Tiene la sensación de haber captado la energía de otras personas a lo largo del día? Entonces deje que la tierra absorba su energía mientras se conecta con ella.

2. **Limpie el espacio en el que va a trabajar:** Queme salvia y ahúme la habitación, caminando de una esquina a otra. También puede rociar agua salada por el espacio o crear un círculo con sal en el suelo alrededor de la zona en la que va a trabajar. Esto sirve para alejar cualquier energía negativa o no deseada a su alrededor.

3. **Limpie las herramientas con las que va a trabajar:** Todo lo que tiene que hacer es usar salvia o agua salada. Asegúrese de tener su bolígrafo, papel y otras herramientas listas para tomar notas en

cuanto termine de llamar a sus espíritus ancestrales o de conectar con ellos. Después de limpiar las herramientas, prepárelas para su uso.

4. **Límpiese:** Cuando haya limpiado el espacio, límpiese a usted mismo con salvia o agua salada. Si quiere, puede dibujar un símbolo protector en su frente con el dedo índice después de sumergirlo en agua salada o en las cenizas dejadas por la salvia quemada.

5. **Entre en trance:** Empiece concentrándose en su respiración durante una meditación y luego siga las instrucciones previamente dadas en este libro. Mantenga su intención en el fondo de su mente mientras entra en trance.

6. **Sienta la energía de sus ancestros:** Una vez que esté en trance, busque a sus ancestros conectando con su energía. Sentándose en silencio, puede saber cuándo están cerca. Puede haber una carga en el aire, un cambio de presión, algún sonido u otras cosas.

7. **Ponga sus ofrendas delante de ellos:** Si sabe lo que les gusta, ofrézcaselo. Sabrá qué darles si hace bien la investigación sobre quiénes eran y cómo eran cuando estaban vivos. Las ofrendas ya deberían estar allí con usted, así que simplemente declare que les ha traído regalos para honrarles y darles las gracias por aparecer.

8. **Haga sus preguntas:** Cuando sienta que los ancestros están presentes, puede empezar a trabajar con ellos utilizando sus herramientas, ya sea la tabla ouija, su bolígrafo y papel (para escritura automática), su grabadora de sonidos (para canalizar), su espejo negro (para adivinar), etcétera. Hágales sus preguntas y espere a que le den respuestas. No presione ni sea impaciente. Se demorará el tiempo que les lleve a ellos.

9. **Exprese su gratitud y haga sus peticiones:** Agradezca las respuestas que le dan. Aproveche la oportunidad para pedir cualquier otra cosa que desee de ellos, ya sea salud, provisión, protección, guía, abundancia o cualquier otra cosa. Luego, agradezca una vez más por estar ahí para usted.

10. **Hágales saber que ha terminado:** Puesto que se trata de sus ancestros, no tiene por qué despedirlos. Sin embargo, si quiere, puede decirles que se vayan al final de la sesión. Respetarán sus límites y lo harán. Es el final de la sesión. Si no les pide que se

vayan, no se sorprenda de los fenómenos que ocurren a su alrededor, ya que les encanta hacerle saber que están con usted.

Puede utilizar estos mismos pasos para conectar con otros seres queridos que haya conocido y hayan fallecido. Al principio, estas conversaciones con el espíritu pueden parecer unilaterales, pero debe seguir adelante. Continúe acercándose cada día y, con el tiempo, empezará a recibir información, haciendo que su esfuerzo merezca la pena.

Por qué es importante la gratitud

Probablemente no le importen mucho los amigos que solo aparecen cuando necesitan algo de usted y desaparecen una vez que lo han obtenido sin ni siquiera *darle las gracias*. Si tiene una autoestima sana, sabe que esos no son amigos, son sanguijuelas.

Por eso debe expresar gratitud a los espíritus que acuden en su ayuda. También por eso son tan importantes las ofrendas. Si no sabe lo que quieren los espíritus porque no ha obtenido esa información en su investigación, deje que su instinto le guíe sobre qué ofrecer. Puede ofrecer comida, bebida, agua, cigarrillos, dinero, fruta, flores o cualquier otra cosa que le indique su intuición. Si sus intenciones son puras y ha hecho una ofrenda, los espíritus verán su corazón y le apreciarán por intentarlo. Puede que incluso le ofrezcan información sobre una ofrenda adecuada para posteriores sesiones de canalización.

Consejos útiles para tener cerca a sus ancestros y seres queridos fallecidos

1. **Salúdelos** a primera hora de la mañana. Diga en voz alta: «Buenos días, ancestros. Gracias por mantenerme a salvo durante la noche». Hágales saber cómo le gustaría que le ayudaran a lo largo del día.
2. **Establezca un lugar especial en su casa** donde pueda ir a hablar con sus espíritus ancestrales. Puede ser una pequeña habitación, un rincón de la cocina o incluso una silla especial dedicada únicamente a estas conversaciones.
3. **Deje un asiento vacío en la mesa** para los seres queridos fallecidos. Puede tratarse de alguien que murió antes de que usted naciera o de un pariente fallecido recientemente. Use su

imaginación para verle frente a usted en la mesa. Hable con él y haga que se sienta bienvenido.

4. **Ore.** Orar es una forma maravillosa de abrirse y hablar con los espíritus de sus ancestros. Cree un campo espiritual en el que puedan acercarse a usted y conectar aún más.

5. **Invóquelos en momentos de necesidad.** Invoque a los ancestros para que le guíen y aconsejen siempre que se sienta confundido o inseguro sobre qué decisiones tomar. Ellos le ayudarán a encontrar las respuestas que necesita y le mostrarán el mejor camino para su viaje en la vida.

6. **Instale altares en su casa.** Los altares le ayudan a recordar su linaje familiar y a mostrar respeto por los ancestros fallecidos. Un altar ancestral puede ser tan sencillo o elaborado como desee. Es un lugar atractivo donde puede dejarles ofrendas y guardar fotos de quienes le han precedido en este mundo.

7. **Visite sus tumbas.** Asegúrese de llevarles flores y agua fresca siempre que haya un motivo para celebrar su recuerdo: un cumpleaños, un aniversario, una fiesta religiosa o el primer día de verano o invierno, por ejemplo. Ellos aprecian ese toque especial de reconocimiento por parte de sus descendientes tanto como lo hacían cuando estaban vivos en el plano terrestre.

8. **Haga una placa conmemorativa en casa.** Puede crear una placa que cuelgue en la pared o en la ventana principal de su casa para honrar a sus ancestros. Transmita pensamientos de gratitud y amor hacia ellos cada vez que la vea. Así, cada vez que alguien pase por su casa, la verá y pensará en la relación especial que existe entre usted y los espíritus de quienes ya han fallecido.

9. **Cree un espacio para ellos** en su casa en el que siempre estén expuestas sus pertenencias importantes, para que su espíritu nunca esté lejos de donde nacieron y vivieron. Coloque sus objetos personales en una estantería junto a una foto, cree pequeños altares o haga todo lo anterior. Les encantará ver este lugar cada vez que le visiten. Lleve flores frescas de su jardín y agua fresca siempre que pueda.

10. **Honre su memoria en Acción de gracias**, Navidad, los cumpleaños y otras fiestas. Estos son momentos en los que a muchos espíritus ancestrales les gusta volver a visitar a quienes quedan. Son buenos momentos para pedirles que den señales de

que aún están cerca moviendo algo en su casa, haciendo susurrar a las hojas donde no hay árboles cerca o haciendo que animales se comporten de forma extraña cuando piensa en ellos.

Capítulo 7: Conecte con sus guías espirituales

¿Quiénes son los guías espirituales? Estos seres divinos se asignan a las personas o son elegidos para ayudarlas a crecer espiritualmente, mantenerlas a salvo y guiarlas a lo largo de su viaje. Algunos creen que los guías espirituales no son seres reales, sino más bien proyecciones psicológicas que representan partes del subconsciente humano y que ayudan a sentirse completo. Sin embargo, los guías espirituales son mucho más que eso. Son reales. Si quiere, puede pensar que son aspectos de su yo superior, que vienen a usted en diferentes momentos de su vida para ofrecerle amor, apoyo, perspicacia, protección y mucho más.

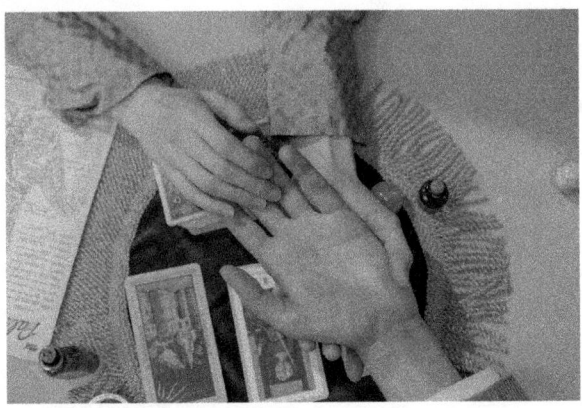

Puede pensar que los guías espirituales son aspectos de su yo superior
https://www.pexels.com/photo/person-holding-white-and-green-floral-textile-7182586/

Puede tener un solo guía o varios. Su guía puede ser alguien que vivió en la Tierra o que no lo hizo nunca. También puede tener guías espirituales animales. Independientemente de lo que piense del concepto de guías espirituales, todo el mundo necesita apoyo y dirección en la vida. Sería difícil encontrar un ser mejor para proporcionárselo que su guía espiritual. Su guía puede ofrecerle una ayuda que nadie más puede, por lo que conectar con él vale la pena. Los guías espirituales tienden a evidenciar su presencia cuando alguien está a punto de experimentar un cambio significativo en su vida o necesita ser rescatado rápidamente de algo. También los notará cuando esté experimentando un renacimiento y cosas nuevas a las que pueda temer.

Los guías espirituales forman parte de las fuerzas del universo destinadas a prestar su ayuda. Su guía puede ser una entidad de un mundo diferente, un dios o una diosa, una criatura mítica, un animal, un ángel, etc. Vivir sin ser consciente de su guía resulta vacío y hace que se pregunte por qué no lo buscó antes. Su guía espiritual le muestra lo que necesita saber sobre usted mismo, los demás y el mundo. Le consuela como nadie más puede hacerlo, le apoya en las buenas y en las malas, le aleja del peligro, le avisa cuando algo no va bien, le enseña cosas que necesita saber para progresar en la vida, etc.

¿Cuántos guías tiene?

Quizá se pregunte cuántos guías tiene. ¿Solo tiene uno? A menudo ocurre que se tiene más de un guía o, al menos, más de un aspecto de esa energía. Algunos de los guías que tiene le fueron asignados al nacer. Otros, en cambio, llegan a su vida más tarde. Depende de lo que esté viviendo y de la fase de su vida que esté afrontando. Puede pensar que sus guías se dividen en dos grupos:

1. Guías mayores.
2. Guías menores.

Los guías mayores que tiene le ayudan con el camino de la vida. Están ahí para ayudarle con las principales lecciones de la vida que debe aprender y el propósito final de su encarnación en la Tierra. Por otro lado, los guías menores se quedan brevemente para ayudarle con cuestiones fugaces y cotidianas que le ocasionan problemas.

El papel de los guías en su despertar espiritual

Sus guías espirituales desempeñan un papel fundamental para ayudarle a despertar a niveles cada vez más elevados de conciencia espiritual. Su guía espiritual está destinado a ayudarle en su evolución espiritual. Supongamos que uno de sus guías es el Bodhisattva de la compasión llamado Kuan Yin. Lo más probable es que se muestre más compasivo y misericordioso con los demás y con usted mismo. Si se siente atraído por la diosa nórdica Frejya, puede que ella le ayude a hacer las paces con su sexualidad y a aceptar los hechos de la vida y la muerte. Con Ganesha, la deidad india con cabeza de elefante, aprenderá a ser sabio, claro de pensamientos, generoso y prudente en la abundancia. Sus guías le ayudan a mejorar, especialmente en lo referente a las heridas emocionales, traumas y disonancias cognitivas que sufre en diferentes aspectos de la vida. Pueden ayudarle a eliminar bloqueos en su energía que le mantienen pequeño y le hacen sentir sin vida.

Cómo conectar con sus guías espirituales

Trabajo con los sueños

1. Lo primero que debe hacer con el trabajo onírico es ahondar en el recuerdo de sus sueños. Para ello, cada noche antes de irse a la cama, dígase que va a recordar todos sus sueños con detalle. Asegúrese de tener un diario de sueños, un bolígrafo al lado de su cama o una aplicación para llevar un diario de sueños en su teléfono.

2. Cuando se despierte de un sueño, no mueva ni un músculo. Siéntese y piense en la última cosa, escena o sensación que recuerde del sueño. Luego vaya hacia atrás hasta que lo recuerde todo. Es importante que no se mueva, porque si lo hace, arruinará el proceso de recordar sus sueños.

3. Inmediatamente después de terminar de recordar el sueño, debe escribirlo en su diario o grabarlo. Empiece escribiendo o diciendo algunas palabras clave que le recuerden cada aspecto de su sueño, para que no se le olvide mientras escribe. Cuando tenga todas las palabras clave, desarrolle los detalles de cada una.

4. Cuando el recuerdo de sus sueños mejore significativamente, debe pasar a una nueva forma. Dígase cada noche antes de acostarse que vas a conectar con sus guías espirituales. Puede que

ocurra la primera noche o varias después, pero en todo caso sucederá. Puede anotar las cosas que quiera preguntarles y escribir las respuestas en su diario cuando se despierte.

5. Anote sus firmas energéticas. De esta manera, puede buscarlos en su vida de vigilia sintiendo esa energía y reteniéndola.

Afirmaciones

Las afirmaciones son enunciados positivos que se repite a usted mismo con frecuencia. Repetirlas una y otra vez le ayuda a cambiar pensamientos que tiene sobre usted mismo, lo que a su vez le ayuda a cambiar sus comportamientos. Cuando se comunique con sus guías, afirme que es una experiencia positiva y buena. Utilice afirmaciones cuando se levante por la mañana o por la noche antes de irse a dormir. También puede escribirlas para leerlas cuando le resulte conveniente. Las afirmaciones ayudan a cambiar sus suposiciones subconscientes y le permiten alcanzar un estado de mayor autoestima, felicidad, salud y bienestar. Puede afirmar que siempre se conecta fácilmente con sus guías espirituales y recibe sus mensajes con claridad y frecuencia. Lo mejor es ponerse en un trance ligero antes de empezar.

Bibliomancia

La bibliomancia, o adivinación a través de los libros, existe desde la antigüedad. Podrá recibir orientación siempre que tenga a mano una selección de libros. Puede elegir un libro sobre las habilidades y conocimientos que desea adquirir. Es importante que lo tenga cerca en todo momento. La bibliomancia es una forma eficaz de comunicarse con sus guías de forma efectiva y segura. Consiste en pedir orientación a sus guías y obtener la respuesta a sus preguntas a través de las palabras del libro. Puede utilizarla especialmente si es nuevo en el trabajo con espíritus o tiene dificultades para reunir suficiente información sobre algo. Puede leer diferentes libros, pensar en preguntas específicas que tenga y hacerlas con fe en que las respuestas que lleguen le ayudarán de alguna manera. He aquí cómo utilizar este método:

1. Conéctese a tierra.
2. Límpiese, limpie su espacio y limpie su libro.
3. Siéntese y entre en estado de trance.
4. Concéntrese en su intención de conectar con sus guías espirituales.

5. Cuando sienta su presencia, traiga su pregunta a la mente y hágala.
6. Sostenga el libro frente a usted y siéntese con los ojos cerrados mientras continúa concentrado en la pregunta.
7. Cuando sienta que los espíritus están preparados, abra el libro en cualquier página. Lea lo primero que encuentren sus ojos, ya sea en la parte superior, inferior o central de la página.

Trabajo con velas

Las velas son poderosas. Implican el elemento fuego y puede utilizar su poder para conectarse con las energías sutiles de sus guías espirituales. He aquí una explicación detallada:

1. **Consiga velas:** Si no quiere hacer sus propias velas, puede encontrarlas fácilmente en su supermercado local o una tienda de artesanías. La mejor forma de obtener velas es comprar de varios colores, tamaños y formas. También puede optar por utilizar velas de té.

2. **Cree un espacio seguro:** También es crucial que mientras esté realizando el trabajo con las velas, cree un espacio seguro donde nadie le moleste. Debe apagar los teléfonos para que no perturben ni distraigan su hilo de pensamiento. También debe colocarse en un lugar cómodo donde no le distraigan o molesten fuerzas externas.

3. **Conéctese a tierra:** Conectarse a tierra antes de conectar con sus guías espirituales también es una buena idea. La conexión a tierra es una preparación para la comunicación con sus guías. Es una práctica milenaria destinada a asegurar que no será arrastrado al plano astral, dejándose arrastrar por energías que no deberían estar allí. La conexión a tierra le ayuda a prepararse para la conexión con sus guías espirituales y protegerse de cualquier entidad no deseada o maliciosa. La forma más sencilla de conectarse a tierra es respirando profundamente, visualizando una luz blanca que rodea su cuerpo y le envuelve.

4. **Encienda las velas:** Cuando haya creado un espacio seguro, debe encenderlas utilizando un mechero o cerillas. El número de velas que encienda debe basarse en su intuición. Coloque las velas alrededor de usted formando un círculo. Debe tratarlas con respeto, sobre todo porque tienen un significado simbólico y representan su conexión espiritual con ciertas fuerzas del

universo.

5. **Pida que le guíen:** Pida a sus guías que se manifiesten ante usted pronunciando sus nombres lo más clara y distintamente posible. Tome nota de cualquier sensación que sienta para discernir si se están comunicando con usted. Si ya se están comunicando con usted, preste mucha atención a sus mensajes y anótelos en su diario para no olvidar nada importante.

6. **Dé las gracias a sus guías:** Cuando haya terminado de conectar con ellos, agradézcales lo que han hecho y siguen haciendo por usted.

7. **Cierre la sesión:** Haga saber a sus guías que ha terminado por el momento y apague las llamas de la vela con un apagavelas o deje que se consuman por completo. Haga lo que haga, no apague la vela soplando.

Cómo mantener viva la conexión

1. **Muestre respeto:** Algunas personas tienen problemas con sus guías espirituales porque no les muestran suficiente respeto. Nunca debe pensar que puede hablar con ellos de la manera que quiera. Recuerde que todo el mundo tiene sus propios límites y fronteras, y esto incluye a sus guías.

2. **Pida ayuda:** Si quiere asegurarse de mantener a sus guías espirituales con usted, nunca debe ser demasiado tímido para pedir su ayuda o asistencia cuando lo necesite. También puede pedirles ayuda para mantener su amistad con ellos.

3. **Tómese tiempo para conectar con ellos:** Asegúrese de tomarse el tiempo para conectar con ellos tan a menudo como pueda, y también de mostrarles siempre respeto y cuidado.

4. **Lleva un diario espiritual:** También es una buena idea llevar un diario para registrar los mensajes de sus guías y cualquier otra cosa que surja en las sesiones.

5. **Practique la gratitud:** Practicar la gratitud es otra forma de asegurarse de mantener una buena conexión y seguir experimentando con sus guías. Otra cosa importante es que no debe sentirse avergonzado de expresar su gratitud, ya que sus guías también están agradecidos por el hecho de que se reúna con ellos.

Sus guías espirituales no son solo personajes que acuden en su ayuda cuando está en un estado de angustia. Le acompañan como aliados durante toda su vida y deben ser tratados con el máximo respeto. Puede hacerlo siguiendo algunos de los consejos enumerados anteriormente y así mantener viva su conexión con ellos.

Capítulo 8: Contactar a los ángeles

Existen muchos ángeles, demasiados para llevar la cuenta. El más conocido de todos ellos es el ángel de la guarda. Pero antes de hablar de él, debe aprender quiénes son los ángeles en general.

Hay muchos ángeles, demasiados para llevar la cuenta
https://www.pexels.com/photo/white-ceramic-figurine-of-angel-illustration-52718/

¿Quién es un ángel?

Los ángeles son seres con un poder extraordinario que están al servicio de la fuente creadora de todos los mundos. Ayudan a las personas de diferentes maneras. «Ángel» proviene de *angelos*, palabra griega que significa «mensajero». Actúan como mensajeros de lo divino, sanadores, protectores y mucho más. Cuando aparecen en la Tierra, adoptan forma humana o se muestran en toda su gloria. Esto implica que los ángeles pueden estar a su alrededor, disfrazados. Suelen tener un resplandor.

Según el islam, el cristianismo y el judaísmo, los ángeles tienen la particularidad de servir al Dios responsable de la creación. En el islam, se dice que los ángeles son fieles en su servicio, mientras que en el cristianismo hay registros de ángeles que optan por rebelarse contra Dios. En el budismo y el hinduismo, así como en algunas formas de espiritualidad de la nueva era, se dice que los ángeles han ascendido por el tótem de la espiritualidad, abriéndose camino hasta los reinos más elevados a través de la superación de pruebas. Siguen evolucionando, ganando fuerza y sabiduría incluso después de haber alcanzado su estatus de ángeles.

Los ángeles también transmiten mensajes del reino de los espíritus a los habitantes de la Tierra. Normalmente, sus mensajes son de consuelo y aliento. Otras veces, advierten a sus protegidos para que no se pongan en situaciones peligrosas. Estos seres divinos también ofrecen su protección, vigilando a quienes les corresponden para que no enfrenten peligros fatales o imposibles de sortear. Durante mucho tiempo, se han contado historias de personas rescatadas por ángeles. Por ejemplo, hay historias de personas que se alejan en una espiral de la escena de un accidente y son dejadas a poca distancia, a salvo de cualquier daño. Según el catolicismo y otras tradiciones religiosas similares, todo el mundo tiene un ángel de la guarda que le acompaña a lo largo de su vida.

Otra cosa fascinante que hacen los ángeles es llevar un registro de las acciones de cada persona. Según las creencias cristianas, judías y algunas de la nueva era, se dice que Metatrón es el arcángel responsable de esta tarea, en colaboración con los ángeles conocidos como poderes. En el islam, el Kiraman Katibin se encarga de esta tarea y se dice que todo el mundo tiene dos de ellos, uno para registrar lo bueno que se hace y otro para registrar lo malo. Según el sijismo, Gupta y Chitr se encargan de anotar todas las decisiones que toman las personas. Gupta anota las decisiones que solo Dios conoce, mientras que Chitr anota las acciones y decisiones que todos los demás pueden ver.

¿Quién es su ángel de la guarda?

Definitivamente tiene un ángel de la guarda, sea consciente de ello o no. No creer que existan no invalida su realidad. Quienes no creen en los ángeles de la guarda cada vez que se salvan de algo lo atribuyen a la suerte, pero lo más probable es que su ángel esté allí cuidando de ellos. Algunas personas creen que cada persona tiene un único ángel de la guarda que le ayuda durante toda su vida, mientras que otras creen que se recibe ayuda de varios ángeles de la guarda solo cuando la necesita, lo que significa que el ángel que asiste cada vez es el perfecto para esas necesidades específicas.

Su ángel de la guarda es el mejor ángel al que acudir si necesita algo, ya sea ayuda, consejo, compañía, protección o cualquier otra cosa. La razón es que está literalmente asignado para ayudarle, lo que significa que está energética y espiritualmente más cerca de usted que cualquier otro ángel. ¿Significa esto que no puede conectar con otros ángeles? Por supuesto que no. Si quiere llegar a otros, simplemente debe manifestar la intención. Sin embargo, incluso en ese escenario, su ángel de la guarda es el más indicado para ayudarle en ese sentido, porque sabe exactamente cómo conectarse con las otras entidades con las que desea entrar en comunión. Además, como ha estado con usted toda la vida, lo más probable es que pueda reconocerlo con facilidad cuando actúe en su nombre. Le será mucho más fácil detectar su presencia y, por tanto, escuchar sus mensajes.

Beneficios de conectar con su ángel de la guarda

1. **Llegar a él le permite actuar en su nombre:** Lo que pasa con los ángeles es que pueden estar presentes, pero a menudo no intervienen por usted porque nunca violan su libre albedrío. Cuando interfieren, suele ser porque su vida está en juego y tienen que hacer algo para salvarle de otra persona o de una situación desesperada en la que se encuentra. Cuando conecta con él, puede darles permiso para hacer por usted más de lo que ya hace y mejorar su vida.

2. **Establecer una conexión hace que sea más fácil para él darle mensajes que le ayuden en su situación:** Cuando se conecta con su ángel de la guarda, es como si abriera una pequeña ventana de

comunicación entre los dos, lo que le permite comunicarse con usted de una manera mucho más directa y fácil de entender. Puede hacer notar su presencia sin rodeos. Así, usted nunca dudará sobre qué mensajes son solo pensamientos recurrentes o sueños y cuáles son de su ángel.

3. **Tener una línea directa de comunicación hace que su presencia sea mucho más fuerte:** Cuando se conecta con su ángel de la guarda, le está dando permiso para estar a su lado en todo momento, ayudándole y protegiéndole de cualquier daño. Esto fortalecerá su presencia divina. Se sentirá más seguro, más protegido y mucho más feliz sabiendo que es cuidado por alguien que le ama y se preocupa por usted profundamente. Al mismo tiempo, aumenta su conciencia de que un ángel siempre está velando por todos nosotros.

4. **Conocer a su ángel de la guarda le hace sentir menos solo en este mundo:** Cuando conoce a alguien que está a su lado y cuyo único propósito es ayudarle y protegerle, se siente mucho menos solo en el universo. Esto le proporciona una herramienta que le ayuda a superar cada día con facilidad y alegría. Incluso si hay momentos en que las cosas parecen difíciles y sombrías, el conocimiento de que hay un ángel de su lado, que le ama, se preocupa por usted profundamente y solo quiere lo mejor para su vida, refuerza su optimismo y hace que la más difícil de las situaciones parezca manejable.

5. **Conectar con su ángel de la guarda aumenta su poder personal:** Una mayor sensación de seguridad se produce con un mayor sentido de propósito. Cuando tiene un ángel de la guarda, tiene a alguien a quien recurrir que le ayuda a lograr todo lo que su alma desea. Puede guiarle y ayudarle en su camino. Y lo que es más importante, al ver las cosas desde esta perspectiva, es como si llevara la mitad de la carga por usted. Todo esto le facilita llevar a cabo el propósito de su vida. Quienes creen en los ángeles de la guarda creen que esto es exactamente para lo que están hechos. Hacen que nuestras vidas sean más fáciles y mejores, quitándonos algunas dificultades, mostrándonos que podemos manejar más de lo que pensamos por nosotros mismos y ayudándonos a superar nuestros problemas paso a paso. Saber que está conectado con su ángel de la guarda le hace sentir más seguro y confiado en usted mismo y en sus capacidades. Con esta

guía, podrá tomar mejores decisiones, emprender acciones más eficaces y avanzar con mayor facilidad y determinación. También dejará de tener miedo, lo que le protegerá automáticamente de las energías negativas, facilitando aún más que su ángel aleje la mala suerte o la negatividad que pueda afectar a su vida.

Cómo contactar con su ángel de la guarda

1. **Tenga un momento de tranquilidad a solas y conéctese a tierra:** El primer paso es encontrar un lugar tranquilo donde pueda estar a solas con sus pensamientos. Puede ser en su habitación, donde puede acostarse, cerrar los ojos y respirar unos instantes. También puede ser al aire libre, en el bosque o junto al mar, escuchando los sonidos de la naturaleza. O puede estar sentado en el banco de un parque, en su auto, en el estacionamiento del trabajo o de la escuela. La cuestión es que necesita situarse en un entorno que le dé algo de tiempo y espacio para pensar sin distracciones corriendo por su mente y luego hacer el ejercicio de enraizamiento que aprendió en un capítulo anterior.

2. **Entre en estado de trance:** Puede hacerlo respirando y cantando el mantra Om o, si lo prefiere, puede simplemente sentarse en silencio y permitir que su mente consciente se disuelva en la nada mientras se concentra en su respiración. Mientras respira, mantenga firme y en el centro de su mente su intención de conectar con su ángel de la guarda.

3. **Sienta su energía:** Cuando esté en trance, podrá sentir la energía del ángel a su alrededor. Puede notar algo de estática en el aire, una sensación de presión, un extraño frío o calor, o incluso una ligera caricia en su piel. Hay otras señales de que su ángel está presente, las conocerá a continuación.

4. **Converse con él:** Puede decirle lo que quiera. Puede que no obtenga respuestas inmediatas o, si tiene talento psíquico, puede que su ángel le responda instantáneamente. De cualquier manera, si ha hecho notar su presencia significa que está escuchando todo lo que usted dice y que actuará en su nombre.

5. **Agradézcale que le haya escuchado y ayudado:** Cuando termine de conversar con su ángel de la guarda, debe agradecerle por escucharle y ayudarle. El lenguaje de la gratitud hará que tenga éxito en manifestar las cosas que quiere manifestar en su vida.

Agradézcale su constante amor y apoyo. Si quiere, puede pedirle que siga mostrando su presencia en su vida.

Recuerde que habrá momentos en su vida en los que no tendrá tiempo para enraizarse o seguir este proceso al pie de la letra. Mientras tenga el hábito de conectar con su ángel, no tendrá que preocuparse por seguir cada paso. Puede simplemente pedirle que le ayude de inmediato y él se pondrá en marcha para arreglar las cosas.

Cómo conectar con otros ángeles

A veces, puede que desee conectarse con otros ángeles conocidos para que le ayuden con cosas específicas. Para hacerlo, debe trabajar con su ángel de la guarda y pedirle a él que se ponga en contacto con el ángel al que le gustaría llegar. Su ángel cumplirá su petición.

Señales angélicas

Las siguientes son señales de que su ángel le ha escuchado o está cerca de usted:

Se siente lleno de energía y feliz

Si su ángel de la guarda ha hecho notar su presencia y se está conectando con él, a menudo será consciente de su presencia sin necesidad de que le diga nada. Se sentirá elevado, inspirado y lleno de amor de adentro hacia afuera. Además de sentirse muy cariñoso con los demás, puede que se dé cuenta de que él le muestra constantemente su amor incondicional.

Ve auras

Muchas personas dicen ver auras angelicales a su alrededor, a menudo describiéndolas como luces multicolores o auras blancas más brillantes de lo normal. El color del ángel puede diferir del suyo, pero generalmente es brillante y radiante.

Siente una ráfaga de calor o frío

Su ángel también puede hacerle notar su presencia de otras maneras, como una extraña sensación de calor en la piel o una repentina oleada de energía fría por todo el cuerpo. Esta es la sensación de su energía pasando a través de usted.

Encuentra plumas a su alrededor

Las plumas a menudo son blancas o de un color similar al aura del ángel y son la forma que tiene de señalarle de que está cerca. Las plumas aparecen por una razón. Cada una es un mensaje de su ángel de la guarda.

Oye música

También puede encontrarse de repente escuchando música hermosa o cantando, lo cual puede ser su ángel comunicándose con usted de esta manera. Su voz sonará diferente a cualquier cosa que haya escuchado y puede que tenga grandes propiedades curativas a través de su frecuencia.

Huele un aroma extraño

Los olores más familiares en los ángeles suelen ser rosas, lavanda o vainilla, pero no hay ninguna regla al respecto y podría ser completamente diferente en su caso. El olor es irradiado por su ángel para ayudarle a reconocerlo y puede darle información sobre lo que está haciendo en ese momento.

Capítulo 9: Cómo llegar a los arcángeles

Cada religión tiene su propia angelología y clasificación de los ángeles. Los rangos superiores de ángeles tienen más autoridad y poder que los inferiores, y dependiendo de su rango tienen un aspecto diferente, con distinto número de caras y alas. Los siguientes son los rangos angélicos según la obra del pseudo-Dionisio *Areopagita en De Coelesti Hierarchia:*

Las diferentes religiones tienen su propia angelología, así como clasificaciones de los ángeles
https://www.pexels.com/photo/a-bird-flying-near-millennium-monument-under-blue-sky-13717918/

- Serafines.
- Querubines.
- Tronos.
- Dominios.
- Virtudes.
- Poderes.
- Principados.
- Arcángeles.
- Ángeles.

Según pseudo-Dionisio, los arcángeles tienen un rango superior al de los ángeles, pero según el paradigma de la conciencia popular los arcángeles son los de mayor rango. Aunque la palabra «arcángel» tiene fuertes vínculos con todas las religiones abrahámicas, en otras tradiciones y en el gnosticismo se pueden encontrar otros seres que se les parecen.

Los arcángeles Gabriel y Miguel son reconocidos en el islam, el judaísmo y la mayoría de las formas de cristianismo. Algunos protestantes creen que solo hay un arcángel, Miguel. Se menciona a Rafael en el Libro de Tobías, donde se le considera un ángel principal, opinión que también sostienen las iglesias ortodoxa oriental y católica. Miguel, Gabriel y Rafael son honrados por los católicos romanos con fiestas especiales. En el islam, los arcángeles son Azrael, Israfil, Mikael y Jibrael. En el Libro de Enoc y otras obras de literatura judía, se menciona a Metatrón, considerado por encima de todos los demás ángeles. Sin embargo, este ángel no es aceptado por todos.

En algunos aspectos de ciertas religiones, se encuentran siete arcángeles, pero sus nombres tienden a cambiar dependiendo de las fuentes. Los arcángeles que permanecen constantes son Miguel, Gabriel y Rafael. Los otros varían, aunque Uriel es reconocido más a menudo y se escribe sobre él en dos Esdras.

Los arcángeles en el zoroastrismo

Muchos antropólogos, teólogos y filósofos sostienen que el zoroastrismo es la tradición religiosa más antigua relacionada con la creencia en los ángeles. También conocido como *mazdaysna*, el zoroastrismo sostiene que hay siete santos inmortales (o inmortales generosos) llamados los

Amesha spenta. Todas estas entidades tienen sus raíces en Ahura Mazda, que es el más poderoso de los seres divinos. Estos seres son similares a los arcángeles, con cuerpos inmortales que se mueven por el mundo físico. Ofrecen guía, protección e inspiración, tanto a los reinos espirituales como a los humanos. Son:

- Spenta mainyu o Spenamino, el espíritu generoso.
- Asha vahishta o Ardwahisht, la verdad suprema.
- Vohu mano o Vohuman, la mente justa.
- Khshathra vairya o Shahrewar, el dominio deseable.
- Spenta armaiti o Spandarmad, la devoción sagrada.
- Haurvatat o Hordad, la perfección o la salud.
- Ameretat o Amurdad, la inmortalidad.

Los arcángeles en el judaísmo

La Biblia hebrea se refiere a los arcángeles como los Elohim. En hebreo, la palabra para ángel es *malakh*, que significa «mensajero». Son los mensajeros de Dios destinados a realizar tareas específicas. No es común encontrar referencias a estos seres en la literatura judía, a menos que se trate de material posterior, como el Libro de Daniel. Se habla brevemente de ellos en las historias de Jacob, y se menciona que el propio Jacob tuvo que luchar con un ángel. También está la historia de Lot, a quien los ángeles le advirtieron que abandonara Sodoma y Gomorra. Ningún personaje bíblico se refirió a los ángeles por su nombre hasta Daniel. Por ello, se cree que los judíos solo se interesaron por los ángeles mientras estuvieron cautivos en Babilonia. El rabino Simeón ben Lakish de Tiberíades señala que los nombres específicos utilizados por los judíos para los ángeles fueron obtenidos de Babilonia.

Aunque no había referencias a los arcángeles en el canon bíblico hebreo, cuando el judaísmo rabínico sustituyó al judaísmo bíblico, hubo ciertos seres angélicos que ganaron prominencia y pronto tuvieron sus propias personalidades, así como funciones que debían desempeñar. Aunque estos arcángeles se consideran los más elevados de las huestes del cielo, no se desarrolló ningún sistema jerárquico. Según el misticismo cabalista y *merkavah*, Metatrón gobierna por encima de todos ellos. También llamado Mattatron, actúa como escriba. Se le menciona en el Talmud y se escribe generosamente sobre él en los escritos místicos de la *merkavah*. Miguel es visto como el abogado y defensor de Israel, mientras que Gabriel recibe varias menciones en el Libro de Daniel, el Talmud y, en particular, en los textos de la *merkavah*. He aquí los doce arcángeles según la Cábala, todos ellos relacionados con una *sefirá* específica:

1. Metatrón.
2. Raziel.
3. Cassiel.
4. Zadkiel.
5. Camael.
6. Miguel.
7. Uriel.
8. Haniel.
9. Raphel.
10. Jofiel.
11. Gabriel.
12. Sándalfón.

Según el Libro de Enoc, siete santos ángeles son los encargados de velar por todos, y son considerados arcángeles. Ellos son:

1. Miguel.
2. Rafael.
3. Gabriel.
4. Uriel.
5. Sariel.
6. Raguel.
7. Remiel.

Según el Apocalipsis de Moisés o La vida de Adán y Eva, los arcángeles son:

1. Miguel.
2. Gabriel.
3. Uriel.
4. Rafael.
5. Joel.

Los arcángeles en el cristianismo

El Nuevo Testamento de la Biblia tiene más de cien referencias a seres angélicos, pero solo se refiere a los arcángeles en particular dos veces: una en el Primer Libro de los Tesalonicenses, Capítulo 4, versículo 16; y otra en el Libro de Judas, Capítulo 1, versículo 9. En lo que respecta a la Iglesia Católica, son tres: Gabriel, Miguel y Rafael. Los Arcángeles Uriel y Jeremiel son mencionados en cuatro Esdras, pero no son considerados por la Iglesia Católica.

Arcángeles que puede invocar

Miguel - El defensor y protector de todos: Miguel es el más poderoso de los arcángeles y lucha constantemente contra la oscuridad y el mal para que el mundo tenga paz. Su nombre significa «el que es como Dios». A menudo lleva una balanza para medir el peso de las almas en la justicia divina o una espada envuelta en llamas azules. Su espada y su armadura representan la protección, la fuerza y el valor. Comanda la Legión de la Luz con su espada de zafiro en el brazo. Esa espada representa la sabiduría y el discernimiento, que puede desarrollar cuanto más ascienda en la escala espiritual. Su papel es luchar contra el mal, proteger a las almas de la oscuridad, ayudar a las personas cuando mueren y acompañar a las almas en su viaje después de la muerte. Cuando invoque a este arcángel, asegúrese de que no sea para algo que pueda solucionar fácilmente usted mismo. También debe asegurarse de que no está pidiendo hacer daño a nadie. Si está invocando a Miguel para otra persona, debe obtener primero el permiso de esta. Este es el arcángel que se debe invocar en asuntos de verdad, protección, fuerza y coraje.

Rafael - El sanador: Rafael significa «el que cura como Dios». Este es el santo patrón de los involucrados en el arte y la ciencia de curar a los enfermos y viajeros. Rafael es el responsable de curar las enfermedades de la mente, el cuerpo y el espíritu, y es un ser muy compasivo. No importa con qué enfermedad esté lidiando, acuda a él y le ayudará. Está destinado a guiar a los sanadores de la Tierra y a veces se le llama «la medicina de Dios». También ayuda a deshacerse de los demonios que han poseído u oprimido a la gente y protege a todos en cada viaje que realizan. Acuda a este ángel si quiere guía y curación o tener viajes seguros. Tenga en cuenta que le gusta más la risa y la ligereza de espíritu, por muy serias que parezcan las cosas. Sabrá que está con usted cuando se sienta más ligero. Lleva un bastón con un caduceo. A veces aparece como un viajero, un peregrino con un cuenco de bálsamo curativo y un bastón. Está conectado con el chakra del corazón, así que cuando aparece en visiones, debe esperar ver el verde esmeralda, que es el color de la salud y la naturaleza.

Gabriel - El mensajero: Gabriel se dedica a transmitir mensajes importantes a la gente, por lo que trabaja estrechamente con periodistas, profesores, escritores, padres, líderes y cualquiera que esté en posición de difundir información. Lleva una hermosa cabellera dorada y una túnica blanca, además de una trompeta de cobre pulido. Este ángel también es bueno para la creatividad, el cuidado de los niños, el parto y el embarazo. También ayuda en cuestiones de amor. El nombre de Gabriel significa «el poder de Dios». A veces también se representa como un arcángel masculino, sosteniendo un farol con una vela encendida en una mano y un espejo de jaspe verde en la otra para representar la sabiduría de Dios.

Uriel - La llama de Dios: Uriel es el arcángel que rige la sabiduría y el conocimiento. Según el Libro Secreto de Juan, es el encargado de los demonios que ayudaron a Yaldabaoth, el demiurgo, a crear a Adán, el primer humano. Normalmente, este arcángel se muestra en su forma de querubín, conocida como el ángel del arrepentimiento. Fue él quien vigiló las puertas egipcias durante la plaga final para que quienes tenían sangre de cordero untada en los postes no perdieran a sus primogénitos. Este arcángel suele aparecer con un rollo de papiro o un libro que representa la sabiduría y también es el patrón de las artes. A Uriel se le puede ver con una llama en la mano izquierda y una espada en la derecha. Su nombre significa «luz de Dios».

Sealtiel - El intercesor de Dios: También conocido como Selaphiel, el nombre de este ángel significa «intercesor de Dios». Es conocido por desempeñar el papel de intercesor. Por ejemplo, según el Conflicto de Adán y Eva, un texto apócrifo del cristianismo, este ángel fue enviado junto con Suriyel para salvar a Adán y Eva de las mentiras de la serpiente. También es el que lleva las oraciones de todos al ser supremo para que las responda. Según las creencias cristianas ortodoxas orientales, este arcángel mantiene a salvo a los niños, supervisa los exorcismos, supervisa la música celestial, ayuda a superar las adicciones y a interpretar sus sueños. Si tiene problemas, se siente frío e impasible, no puede prestar atención o se distrae constantemente, es a él a quien debe acudir. A menudo se le ve con la cara y los ojos vueltos hacia el suelo, llevándose ambas manos al pecho mientras reza.

Jegudiel - El glorificador de Dios: A Jegudiel se le puede ver con un látigo de tres cuerdas en la mano izquierda y una corona de oro en la derecha. Su nombre significa «glorificador de Dios». También se le llama Yadiel, Jadiel o Jehudiel. A veces sostiene una corona y un látigo para representar la recompensa que recibe de la Divinidad si es justo y el castigo que se recibe si no lo es. Es el patrón de los trabajadores, y la corona representa los frutos del trabajo, especialmente en términos espirituales. Es el que defiende y aconseja a quienes trabajan en una posición en la que tienen que glorificar a Dios, y también es quien lleva el amor misericordioso de la fuente de toda vida.

Barachiel - El bendito de Dios: Este arcángel lleva una rosa blanca, que sostiene contra su pecho. En otras ocasiones, aparece con pétalos de rosa blanca por todo su manto, representando las bendiciones de la Divinidad lloviendo sobre todos. También puede aparecer con un bastón o una cesta de pan, que representa la bendición de los niños. El Tercer Libro de Enoc lo llama uno de los príncipes angélicos, y la Almadía de Salomón lo llama uno de los ángeles principales. Barachiel está a cargo de todos los ángeles guardianes, y se dice que todos deben rezarle para obtener todas las cosas buenas que desean de su ángel guardián. Es el patrón de la vida matrimonial y familiar y se cree que cuida de los hijos de la Divinidad.

Jerahmeel - La exaltación de Dios: Este arcángel es responsable de inspirar a la gente a profundizar en sus prácticas espirituales y conectar con la fuente de toda vida. Es el responsable de hacerle pensar en qué puede hacer para acercarse a su origen divino. Su nombre significa «la misericordia de Dios». También se le llama Remiel o Eremiel, entre otros. Cuida de quienes han fallecido mientras recorren su camino en el más allá. Jerahmeel también es responsable de las visiones de la Divinidad y se le llama el arcángel de la esperanza.

Cómo Invocar Arcángeles

Pida a su ángel de la guarda que se los traiga: Puede invocar a cualquier arcángel que desee pidiéndole ayuda a su ángel guardián. Invocar a los arcángeles es útil si quiere mejorar algún aspecto de su vida, ya sea sus relaciones, su salud física, su salud mental, su camino espiritual, etcétera.

Diga una oración sencilla y sincera: Puede orar para solicitar su presencia y ayuda en su vida. En el pasado, muchos han invocado a los arcángeles mediante oraciones sencillas pronunciadas con sinceridad. Solo asegúrese de que sus intenciones son puras y haga todo lo posible para pedirles que vengan para algo importante, no para cosas triviales que puede resolver por su cuenta.

Utilice sus sigilos: Otra forma de convocar a los arcángeles es trabajar con sus sigilos. Puede entrar en estado de trance y mirar fijamente las imágenes mientras está en estado meditativo, conectando con su energía y llamando su atención. Los sigilos son símbolos mágicos que ayudan a conectar con la energía de una entidad o espíritu concreto. Puede encontrar sigilos de muchos arcángeles en Internet de forma gratuita. Simplemente imprímalos o dibújelos en un trozo de papel que pueda mirar. Aquí tiene un ritual de sigilos angélicos que puede probar:

1. Dibuje el sigilo en un papel para conectar más fácilmente con el arcángel.
2. Coloque el papel en su altar o en una superficie plana.
3. Ponga tres velas blancas alrededor del sigilo y apague las luces. Las velas deben ser la única fuente de luz en la habitación.
4. Siéntese en la mesa o frente al altar y deje que su mirada caiga ligeramente sobre el sigilo.
5. Respire profunda y tranquilamente. Observe la energía de la habitación para percibir cualquier cambio. Observe también su energía personal.
6. En algún momento, el sigilo podría volverse tridimensional y parecer que se levanta del papel. Si esto ocurre, haga todo lo posible por mantener la calma y no alterarse, siga mirando el sigilo.
7. Si lo desea, puede visualizar el sigilo en lugar de dibujarlo. Mantenga la imagen en su mente el mayor tiempo posible y medite sobre ella. Véala cada vez más brillante, dominando la oscuridad detrás de sus párpados.
8. Cuando sienta el cambio de energía, significa que el arcángel está presente. Ya puede hacer sus peticiones.
9. Agradézcale después de pedirle lo que desee, y permita que su atención regrese lentamente a la habitación en la que se encuentra.

Utilice su nombre como mantra: Puede invocar al arcángel que desee cantando su nombre mientras medita. Necesitará entre diez y quince minutos. Repita el nombre del arcángel en voz alta o mentalmente. Cantar en voz alta es bueno porque los nombres tienen frecuencias vibratorias que afectan el estado mental y espiritual de buena manera.

Capítulo 10: Métodos de limpieza y defensa

Saber cómo defenderse espiritualmente es muy importante, especialmente si tiene el hábito de interactuar con el reino espiritual. Este capítulo final habla de todo lo que necesita saber para limpiar su cuerpo y su hogar, protegerse y eliminar cualquier presencia o entidad no deseada de su espacio. Antes de todo eso, hay un enemigo del que debe cuidarse y que podría ponerle en grave peligro si se rinde ante él.

Saber cómo defenderse espiritualmente es muy importante, especialmente si tiene el hábito de interactuar con el reino de los espíritus
https://www.pexels.com/photo/a-bundle-of-sage-smoking-7947722/

Cuidado con el miedo

El miedo es una *energía de baja vibración* muy atractiva para las entidades negativas. Si entra en el trabajo espiritual con miedo en su corazón, será un foco de atracción para las entidades que quieren causarle problemas o hacerle travesuras. De hecho, llamarlas *travesuras* es tomárselas a la ligera, porque estos espíritus son conocidos por hacer la vida insoportable para aquellos a los que se aferran. Cuando no les tiene miedo, no tiene ningún atractivo para ellos, así que no tienen motivos para quedarse cerca de usted.

He aquí otras formas en que el miedo puede arruinar su trabajo espiritual:

1. Cuando teme algo nuevo o diferente, su curiosidad natural sobre el tema desaparece. El miedo le absorbe y le hace sentir que no hay nada por lo que sentir curiosidad.
2. Cuando tiene miedo, a veces deja de confiar en sus instintos. Haga lo que haga, si no confía en usted mismo, es fácil que cometa errores o dude de sus acciones.
3. A veces, cuando tiene miedo, pierde la concentración en lo que está haciendo y deja que sus pensamientos se escapen. Escenarios aterradores comienzan a reproducirse en su cabeza, poniéndole nervioso o distrayéndole de su tarea.
4. El miedo hace que le resulte difícil oír a su ángel de la guarda u otros espíritus cuando quieren advertirle sobre algo o consolarle. Esto significa que puede encontrarse en situaciones que podría evitar si mantiene la calma.

¿Qué hace para manejar el miedo que siente al hacer algo nuevo? ¿Cómo maneja sus nervios cuando se adentra en un territorio espiritual desconocido? Seguro que tendrá algunos pensamientos temerosos, pero debe condicionar su mente para que se haga preguntas sobre los fenómenos que ve. En otras palabras, sienta curiosidad. Es difícil tener curiosidad y miedo al mismo tiempo. Piense en cómo puede sentirse más a gusto comunicándose con los espíritus, qué puede hacer para profundizar en su relación con ellos, cómo puede sentirse más seguro para no sentir miedo, etcétera. Considerar estas cosas y trabajar activamente en ellas contribuye en gran medida a mitigar sus miedos y preocupaciones.

Por qué es importante la limpieza espiritual

La limpieza espiritual no puede pasarse por alto por muchas razones. Por un lado, purifica de cualquier energía negativa o viciada. Incluso en su hogar, a veces la energía negativa puede intensificarse, o la energía puede estancarse por falta de movimiento, luz o aire. Estas energías estancadas y tristes pueden causar mucho daño en la vida. Puede notar que atrae a la gente equivocada. Puede que de repente se encuentre luchando con facturas, enfermedades y otros fenómenos que no son normales para usted. Puede encontrarse lidiando con noches llenas de pesadillas, mensajes poco claros de sus guías, mensajes de espíritus equivocados, falta de claridad mental, falta de paz y mucho más. Además de deshacerse de estas energías, la limpieza espiritual es buena para mantener su aura pura y limpia, haciéndola poco atractiva para los espíritus dañinos. Ciertas deidades y otros espíritus son exigentes sobre cómo mantiene su espacio y su cuerpo.

Cómo limpiar el cuerpo

Hay muchas formas de limpiar su cuerpo. Ya sabe cómo usar agua salada, un huevo, salvia o una vela verde para limpiarse. Sin embargo, es útil tener otros métodos a mano, para que no sienta que no puede limpiarse porque no tiene las herramientas necesarias. Recuerde que puede limpiarse trabajando con los cuatro elementos clásicos (tierra, aire, agua y fuego) en cualquier momento. Repasemos las distintas opciones que tiene:

Rituales de limpieza con humo: ¿Sabía que la salvia no es lo único que puede quemar para limpiarse? Puede usar el humo de cualquier madera o hierba además de la salvia para purificar su energía. Por ejemplo, puede quemar palo santo, tabaco de conejo, rosa, hierba dulce, lavanda, romero, cedro, enebro, etcétera. Es una buena idea consultar con su intuición para ver qué es lo que más le conviene. De lo contrario, puede elegir lo que tenga a mano. La idea es que el humo toque todas las partes de su cuerpo, eliminando todas las energías negativas que haya en usted.

Baños de limpieza espiritual: No necesita usar sal cuando hace un baño de limpieza espiritual. Puede usar otras cosas como té, hierbas, cristales, flores, etc. Algunas otras cosas que puede probar para sus baños son:

- Cargue el agua de su baño con cristales. El cuarzo transparente es una buena opción. No tiene que poner el cristal en el agua del baño. Simplemente déjelo reposar junto a la bañera y establezca claramente en su mente la intención de cargar el agua con energía limpiadora a través del cristal para que se lleve todo lo que no le pertenece.
- Puede cargar el agua del baño con su imaginación. Meta las manos en el agua y cierre los ojos. En su mente, no vea el agua más que como pura luz blanca. Sienta la energía de esta agua. Note que su poder purificador se hace cada vez más fuerte a medida que mueve los brazos en el agua. Dé las gracias al agua por limpiar su cuerpo, mente y espíritu, y luego báñese con ella.
- Añada menta al agua. La menta no solo refresca, también limpia energéticamente. Añadir hojas de menta o té al agua del baño es una buena forma de amplificar el poder limpiador del baño. Se sentirá renovado cuando lo haya hecho.

Rituales de limpieza con fuego: A algunas personas les gusta trabajar con fuego para limpiarse. En algunas tradiciones las personas saltan sobre el fuego para limpiarse antes de hacer un trabajo espiritual. Por favor, tenga cuidado y no pruebe este método, porque probablemente se hará daño o se prenderá fuego. En lugar de este extremo, puede coger una vela apagada y hacerla rodar sobre su cuerpo. Empiece por la parte superior de la cabeza y vaya bajando hasta los pies. Imagine que la vela absorbe su energía negativa. Luego encienda la vela para expulsar la energía negativa para siempre.

Rituales de limpieza con cristales: Puede utilizar varitas de cristal de cuarzo cristal o selenita para limpiarse. Tiene que agitar la varita alrededor de su cuerpo y dejar que recoja toda la energía no deseada que se le ha pegado. Cuando haya terminado, saque el cristal y entiérrelo en la arena durante la noche, use salvia o alguna otra hierba para ahumarlo y cárguelo a la luz del sol o de la luna antes del siguiente uso. También puede mantener limpio su espacio colocando cristales de turmalina negra en cada habitación.

Rituales de limpieza con té: Puede beber ciertos tés para limpiarse. Además, el té también le limpiará por dentro. Pruebe tomar kombucha, té detox, etc.

Rituales de limpieza energética: Para esta forma de ritual, necesita estar familiarizado con trabajos energéticos como el reiki. Utilice las palmas de las manos para escanear su cuerpo en busca de cualquier parte que se sienta energéticamente bloqueada. Fíjese en cualquier energía estancada o mala. Imagine que la energía fluye desde las palmas de las manos hacia esos lugares. Visualice la energía como una luz blanca en el ojo de su mente. Si no puede imaginar cómo se ve, simplemente sienta un calor intenso que sale de sus palmas y le limpia de la mugre energética.

Limpie su espacio sagrado

No basta con limpiarse cuando se va a comunicar con espíritus. También tiene que pensar en el espacio en el que hablará con ellos. Su espacio sagrado es importante y no puede permitirse que acumule malas energías o vibraciones. Así como su aura puede recoger suciedad energética, lo mismo puede ocurrir con su casa. Cada persona que pisa su casa deja algo de su energía. Si ve algo como un documental de crímenes reales o una película de terror, esto afecta a la energía de su casa y la hace más atractiva para energías y entidades oscuras. Si se siente triste, deprimido o enfadado, esa energía perdura hasta que se deshaga de ella. Incluso una conversación telefónica con alguien puede añadir energía a su espacio. La energía de la persona con la que habla puede permanecer. Si ha estado leyendo hasta ahora, debería resultarle obvio que tiene que hacer algo para mantener su espacio espiritual y energéticamente limpio. No puede dar por sentado que está limpio y seguir haciendo su trabajo espiritual, porque eso es buscarse problemas.

Antes de hacer cualquier trabajo espiritual en su casa u otro espacio sagrado, límpielo. Debería hacer limpiezas regularmente, cada dos semanas o cada mes. De esta manera, puede mantener su espacio a salvo de malos espíritus, vibraciones, enfermedades, conflictos y otras cosas desagradables.

Limpie su casa con la purificación: Puede ahumar con cualquier hierba limpiadora que desee. No se pase el humo solo a usted mismo. Hágalo también en su casa. Debe trabajar desde arriba hacia abajo y de atrás hacia delante. Lo primero que tiene que hacer es abrir todas las puertas y ventanas. Esto no solo deja entrar más luz y aire (ambos elementos con una vibración limpiadora), sino que también facilita la salida de las entidades negativas. Echar humo con las puertas y ventanas cerradas no le servirá de nada.

Otra cosa que debe tener en cuenta cuando ahúme es que tiene que ocuparse de todos los rincones. Piense en esos cajones y armarios que casi nunca abre. Ábralos y écheles humo también. Piense en el rincón detrás de esa puerta, donde nunca va nadie. Revise debajo de las camas, los estantes y armarios superiores, etc. Debe asegurarse de que la energía negativa no tiene donde ir y quedarse o esconderse en su casa.

Limpieza del hogar mediante aspersión: Para utilizar este método de limpieza, necesita ruda o romero. Solo necesita una ramita. Sumerja la hierba en agua bendita o agua salada y luego rocíe las gotas por toda su casa mientras declara: «Destierro todas las energías negativas de este espacio. Váyanse ahora y permanezcan fuera».

Limpieza con lavado y barrido de suelo: Los lavados de suelo están pensados para limpiar el suelo de las energías negativas que retiene. Infunda el agua con la que limpia con hierbas que purifiquen su espacio, o espolvoree las hierbas en el suelo y luego use una escoba o una aspiradora para limpiarlo. Hay muchas recetas diferentes para hacer lavados de suelos, pero en su mayor parte, todas tienen alrededor de tres ingredientes mezclados al agua. Algunas recetas requieren agua bendita o agua espiritual, mientras que otras necesitan agua florida. Sin embargo, puede trabajar simplemente con agua de lluvia, agua del océano o de un lago, si le resulta más fácil de conseguir. Haga lo que haga, no use agua del grifo.

Para preparar su lavado de suelos, debe poner el agua que vaya a utilizar en una olla (preferiblemente que no sea de metal), añadir las hierbas que prefiera y dejar que hiervan a fuego lento durante diez minutos. A continuación, retírela del fuego y deje que se enfríe antes de pasarla a un recipiente. Si quiere añadir aceites esenciales a la mezcla, no dude en hacerlo. Solo asegúrese de ponerlos primero en el recipiente de almacenamiento. No los eche en el agua hirviendo. Deje reposar la mezcla durante siete días a la luz del sol antes de utilizarla.

Antes de utilizar su mezcla, limpie el suelo como lo haría habitualmente. A continuación, puede utilizar la mezcla, empezando por la parte trasera de la casa o habitación y terminando en la puerta principal. Si hay otras plantas, trabaje de arriba abajo. Preste atención a las puertas de la casa y frótelas bien. Puede espolvorear un poco de sal en las entradas principales para alejar las malas energías. El limpiador de suelos no debe restregarse cuando termine de aplicarlo. Es más bien un enjuague para la limpieza habitual del suelo. Así que deje que el líquido se seque por sí solo, lo que activará su poder. Si lo desea, puede añadir un poco del líquido a sus líquidos de limpieza habituales, lo que significa que siempre estará limpiando espiritualmente su hogar.

¿Qué ocurre si tiene alfombras de pared a pared? Puede aplicar el detergente para suelos rociando la alfombra o añadir un poco del detergente a la escoba y utilizarla para limpiar la alfombra. También puede limpiarla con su líquido, incluido el detergente para suelos. Los siguientes son los ingredientes que puede añadir a su detergente:

- Hojas de laurel - para la curación, purificación y protección.
- Albahaca - para la prosperidad.
- Lavanda - para la tranquilidad y la paz.
- Cedro - para la protección y la curación.
- Agujas de pino - para la protección.
- Romero - para exorcismos, curación y protección.
- Clavo - para eliminar la energía infeliz, para la protección.
- Enebro - para la curación y la protección.

Estos son algunos de los aceites esenciales que puede añadir a su lavado de suelos:

- Pino - para la prosperidad, la purificación, la protección y la curación.
- Sangre de dragón - para exorcismos, protección y purificación.
- Pachulí - para la prosperidad.
- Alcanfor - para la purificación.
- Eucalipto - para la curación.
- Canela - para la prosperidad.
- Limonaria - para la purificación.
- Abedul - para la curación.

Ritual de limpieza de la luz: Por alguna razón, a algunas personas les gusta sentarse en la oscuridad, incluso en un día soleado. Si es su caso, tiene que aprender a amar la luz y empezar a abrir las ventanas para que entre. Lo que ocurre con la luz del sol es que su capacidad de limpieza es extremadamente poderosa. Es tan poderosa que ahuyenta a los espíritus negativos. Así que procure tener una casa iluminada y llena de luz natural. Empiece a abrir las persianas y no tendrá que preocuparse de que la energía negativa se acumule en su espacio.

Limpieza con escoba: Puede utilizar una escoba especial (llamada *besom*) para barrer la mala energía de su espacio. También hay formas más pequeñas de esta escoba que puede utilizar para barrer su aura personal desde la parte superior de la cabeza hasta los pies.

Ritual de limpieza con campanas: ¿Sabía que el sonido es una forma excelente de limpiar su espacio y a usted mismo? Así es. Puede utilizar ciertos sonidos de alta vibración para enviar a los espíritus negativos fuera de su casa. Puede tocar o trabajar con estos sonidos usando cánticos, palmas, cuencos tibetanos, gongs, campanas y música antigua (piense en música celta, budista y nativa americana, cantos gregorianos, etc.). Estas cosas mantienen su espacio limpio y libre de invitados espirituales no deseados.

Difusión de aceites esenciales: Puede difundir aceites esenciales como romero, lavanda, limonaria, etc. El olor es otra gran manera de mantener su casa limpia y segura para el trabajo espiritual.

Cree sus propios rituales de limpieza

Puede probar todos los rituales mencionados para averiguar qué resuena más con usted. Por ejemplo, puede que prefiera un baño de limpieza espiritual con base de hierbas y luego limpiar su espacio personal con un barrido y un sahumerio. Es importante que averigüe qué funciona mejor para usted, de modo que cuando realice un trabajo espiritual intenso, sepa que lo esencial está cubierto y no tenga que perder tiempo o energía temiendo que el método de limpieza que ha elegido no sea adecuado o suficiente.

Cuando limpiar

Ya sabe por qué es importante la limpieza. Lo que quizá no sepa es cuándo es el momento adecuado para purificarse. Utilice lo siguiente como una especie de guía:

- Límpiese y limpie su espacio una vez al mes. Hágalo preferiblemente durante la luna nueva o la luna menguante. Puede utilizar una aplicación para saber en qué fase se encuentra la luna antes de hacerlo.
- Cuando acabe de recuperarse de una enfermedad o lesión o

haya tenido que enfrentarse a una desgracia o a la muerte, debe limpiarse. Limpie también su casa.

- Cuando esté a punto de comenzar una nueva estación, haga un ritual de limpieza. Esto fomentará que fluya hacia usted una energía nueva, vibrante y llena de bendiciones.
- Antes de realizar cualquier trabajo espiritual importante, debe limpiarse y limpiar su hogar.
- Límpiese después de terminar con el trabajo espiritual. Lo mismo se aplica a su hogar.
- Limpie su casa cuando los visitantes la abandonen. Aunque sean bebés, limpie su espacio.
- Límpiese al menos una vez a la semana como forma de mantenimiento espiritual.
- Debería hacer una limpieza siempre que tenga la sensación de que está pesado o de que su espacio lo está.
- Si está lidiando con muchas emociones, límpiese y limpie su casa.
- Siempre que se produzca una discusión importante, una pelea o un malentendido, es importante hacer una limpieza inmediatamente.

Rituales de protección

Los rituales de protección son vitales para mantenerse a salvo de cualquier energía negativa a la que pueda enfrentarse. Aquí hay algunos rituales simples y poderosos que puede hacer para mantener su energía y espacio protegidos.

Use cristales: Los mejores cristales para este trabajo son la turmalina y la obsidiana, ya que son excelentes para absorber la energía negativa del entorno. Puede crear una rejilla de protección con obsidiana o turmalina negra. Este es el proceso

1. Primero conéctese a tierra.
2. Tome cuatro cristales con ambas manos y llévelos a su *ajna* o chakra del tercer ojo, que está encima de los ojos, en medio de las dos cejas en su frente. En su mente, aclare la intención del ritual que va a hacer. Luego diga: «Ahora programo esta rejilla de cristal para que me mantenga a salvo».

3. Después, coloque los cristales en las cuatro esquinas o puntos cardinales de su casa. Debe tener uno en la puerta principal para que las malas energías no puedan entrar.

Utilice hierbas y sal: La mejor sal para esto es la sal rosa del Himalaya. Puede llevar un cuenco con ella por su casa y espolvorearla por todas partes. También puede probar lo siguiente para incorporar hierbas:

1. Coja un trozo de papel y escriba «Protección» en él.
2. Ponga ese papel en un cuenco ignífugo.
3. Ponga una pizca de sal en el papel y, a continuación, eche eneldo, romero y laurel en el cuenco. Las hierbas deben estar secas.
4. Deje que sus manos se ciernan sobre el cuenco y piense en su intención de permanecer protegido.
5. Cuando esté listo, prenda fuego al contenido del cuenco. No lo pierda de vista mientras arde.
6. Muela los restos que queden en el cuenco con un mortero cuando todo esté totalmente quemado. A continuación, ponga la mezcla en su casa. Este potente ritual mantendrá su casa segura durante todo un año.

Ritual de protección de luna llena: Va a aprovechar el poder de la luna llena para mantener alejadas a todas las entidades y energías negativas. Así es como funciona:

1. Busque un lugar donde pueda sentarse en silencio y donde no le molesten ni le distraigan. Si lo desea, puede usar un sahumerio primero en el lugar. También puede visualizar una luz blanca o una sensación cálida que limpia el espacio.
2. Cierre los ojos y medite, manteniendo su atención en la luz de la luna.
3. Cuando esté listo, escriba en un papel las cosas que quiere eliminar de su vida.
4. Lea lo que ha escrito en voz alta y, mientras lo hace, vea cómo la carga negativa que hay detrás de esas cosas se libera al universo (o sepa que ya está hecho si no puede visualizarlo).
5. Tome un cristal (obsidiana o turmalina negra) y sosténgalo en la mano izquierda. Permanezca en meditación, contemplando la

energía positiva, hasta que se sienta seguro y pueda terminar la meditación.

Desterrar espíritus

Desterrar espíritus consiste en exorcizarlos de su espacio. A veces, durante su trabajo espiritual, algunos espíritus le desafían y se sienten como en casa, colándose por las grietas de su defensa. A veces, no están ahí como resultado de su trabajo, sino porque los ha enviado alguien que no tiene buenas intenciones. Sea de donde sea que procedan estos seres, lo cierto es que debe deshacerse de ellos cuanto antes. Esto es lo que tiene que hacer:

1. Límpiese.
2. Recorra su casa de arriba abajo y de atrás hacia delante, rociando agua salada o quemando salvia de una esquina a otra. Mientras lo hace, dígale en voz alta al espíritu: «No eres bienvenido aquí, y no fuiste invitado. Vete de inmediato y no vuelvas jamás». Debe hablar con firmeza y no tener miedo. Usted tiene el poder, porque algo está en su territorio y no debería estarlo.
3. A continuación, invoque a sus ancestros, a su ángel de la guarda o a cualquier otra fuerza positiva que desee que entre en su espacio. Dígales que se hagan cargo y destruyan cualquier energía negativa persistente en su espacio. Agradézcales por ayudarle.

Recuerde que no hay por qué tener miedo de interactuar con los espíritus. Asegúrese de seguir los procedimientos adecuados, actúe con precaución y prepárese para cualquier cosa.

Conclusión

¿Por qué es maravilloso comunicarse con los espíritus? Cada vez que pide algo a sus guías espirituales o habla con seres queridos fallecidos, se abre a la posibilidad de obtener increíbles dones, información y perspicacia. También puede conectar con su intuición y obtener una perspectiva adicional de su vida. Hablar con espíritus le permite acceder a reinos superiores de conciencia que pueden cambiar su vida para siempre.

Al comunicarse con los espíritus utilizando la información de este libro, notará una gran diferencia tanto en la viveza y claridad de sus sueños como en su capacidad de proyectarse a un reino superior de conciencia que trasciende el tiempo y el espacio. Esta es una meditación muy poderosa que puede usarse por sí sola o con cualquier otra práctica de desarrollo psíquico o comunicación con espíritus. También comenzará a experimentar muchas «coincidencias», que en realidad son sincronicidades. Su vida estará más alineada y las cosas comenzarán a fluir mucho más fácilmente para usted. Experimentará esto porque los humanos no somos solo físicos, sino también espirituales. Esto significa que el proceso de meditación y conexión con el reino espiritual conduce a la nutrición espiritual, para que viva una vida más equilibrada en este mundo y en el más allá.

Si alguna vez ha querido comunicarse con los espíritus y aún no ha encontrado comodidad al hacerlo, este libro le ayudará a alcanzarla. Se dice que hasta que no establece comunicación con sus espíritus y sus guías, solo está utilizando el 10 % de su potencial. Comunicarse con los espíritus le beneficiará enormemente en todos los aspectos de su vida al abrirle y permitirle crecer espiritualmente. Para ser un gran comunicador, debe dar el primer paso. Aquí es donde este libro le resulta útil. Le guía en la recepción de los increíbles dones que los espíritus tienen para usted. Cualquiera puede aprender a comunicarse con los espíritus si sabe cómo hacerlo y lo que implica.

Tristemente, la mayoría de las personas no hablan con sus seres queridos y espíritus. Fingen que no creen en nada que no implique un cuerpo o un cerebro, una vida después de la muerte, cuando comunicarse con el mundo de los espíritus es muy real. Puede tener conversaciones con ellos igual que con un amigo que todavía está vivo. La habilidad de comunicarse con los espíritus es un don que la gente no usa lo suficientemente a menudo, por desgracia. Lo único que debe hacer para convertirse en un comunicador exitoso es estar dispuesto y abierto. Cuando empiece, se sorprenderá increíblemente de que le haya llevado tanto tiempo abrirse al reino de los espíritus, y no querrá vivir de otra manera.

Su vida no solo tiene que ver con usted. También con todos los que le han precedido. Puede aprender mucho de quienes ya no están. La mayoría de las veces, le darán esta información por su propio bien. Comunicarse con un espíritu puede darle respuestas a preguntas que cambiarán para siempre su perspectiva de la vida. Hace falta valor para salir de la zona de comodidad, pero vale la pena si está abierto y dispuesto a aprender cosas nuevas.

Debería volver a leer este libro, tomando notas la segunda vez. Así se asegurará de estar preparado para el viaje que le espera. Los espíritus tienen mucho que compartir y entrar en su reino vale la pena. Pueden darle muchos regalos maravillosos, así que no se los pierda. Prepárese para la maravilla de la comunicación con los espíritus después de leer este libro.

Vea más libros escritos por Mari Silva

Su regalo gratuito

¡Gracias por descargar este libro! Si desea aprender más acerca de varios temas de espiritualidad, entonces únase a la comunidad de Mari Silva y obtenga el MP3 de meditación guiada para despertar su tercer ojo. Este MP3 de meditación guiada está diseñado para abrir y fortalecer el tercer ojo para que pueda experimentar un estado superior de conciencia.

https://livetolearn.lpages.co/mari-silva-third-eye-meditation-mp3-spanish/

Referencias

Anthony, M. (2015). Evidencia de la eternidad: Comunicándose con espíritus para la prueba de la vida después de la muerte. Llewellyn Worldwide.

Berkowitz, R. S., & Romaine, D. S. (2002). La guía completa para principiantes sobre cómo comunicarse con espíritus. Penguin.

bor Klaniczay, G. (Ed.). (2005). Comunicarse con los espíritus (Vol. 1). Central European University Press.

Buckland, R. (2005). El libro de los espíritus: La enciclopedia de la clarividencia, la canalización y la comunicación con los espíritus. Visible Ink Press.

Hunter, J. (2011). Hablando con los espíritus: Antropología e interpretación de la comunicación con espíritus. Journal of the Society for Psychical Research.

Leclere, A. (2005). Ver a los muertos, hablar con los espíritus: Curación chamánica a través del contacto con el mundo de los espíritus. Simon and Schuster.

Leonard, T. J. (2005). Hablando con el otro lado: Una historia del espiritismo moderno y los médiums: Un estudio desde la religión, la ciencia, la filosofía y la práctica médium que engloba esta religión americana. iUniverse.

McMullin, S. E. (2004). Anatomía de una sesión espiritista: Historia de la comunicación con los espíritus en Canadá central. McGill-Queen's Press-MQUP.

Hunter, J. (2010). Hablar con los espíritus: ¿Más que una realidad social? Paranormal Review.

Virtue, D. (1997). Terapia de ángeles: Masajes curativos para todas las áreas de su vida. Hay House, Inc.

Virtue, D. (2010). Arcángeles y maestros ascendidos. ReadHowYouWant.com.

Virtue, D. (2002). Ángeles de la tierra. Hay House, Inc.

Virtue, D. (1999). Curación con los ángeles. Hay House, Inc.

www.ingramcontent.com/pod-product-compliance
Lightning Source LLC
Chambersburg PA
CBHW051844160426
43209CB00006B/1144